イラストでパッと見てわかる！

基礎からレッスン

オールカラー

音声DL版

はじめての スペイン語

本橋 祈・著

Hola

ナツメ社

『はじめてのスペイン語』と名づけられたこの書籍を手にとってくださり、ありがとうございます。

私がはじめてスペイン語に出会ったのは、大学生のときです。もう20年以上も前のことです。

いまだに、スペイン語は手ごわいな、全然思うように話せないな、物語を読んでもなかなかそのニュアンスがつかめないな、と思います。

それでもずっとこの言葉を学び続けてきたのは、スペイン語を学ぶのが楽しいからです。スペイン語がとても魅力的な言語だからです。

　これまで私はスペイン語を学ぶことで世界が広がり、スペイン語を通じて多くの人々と出会うことができました。
　この本を通じて、あなたにスペイン語の魅力のほんの最初の入り口の部分だけでも伝えることができたなら、それ以上の喜びはありません。

　　　　　　　　　　　　　　　　　　　本橋　祈

CONTENIDO

CAPÍT ULO **4**
これで旅行もバッチリ！
場面定番フレーズ

本書の使い方

本書は、初級スペイン語を4つのステップで、文法やフレーズを学べるよう
にしてあります。
実際の発音については、音声データを聞きながら学んでいきましょう。

CAPÍTULO 1 まずはここから！ スペイン語の基本

> スペイン語の
> つづりや発音
> について解説
> しています。

> スペイン語の
> 文法の基本に
> ついて解説し
> ています。

CAPÍTULO 2 そのまま覚えればOK！ あいさつのことば

> よく使うあい
> さつを、シチ
> ュエーション
> 別にしてあり
> ます。

文章の構造について解説しています。

例文に関する文法について解説してあります。

基本的な会話例をあげてあります。

イラストを見ながら、語彙や場面別のフレーズを覚えましょう。

シチュエーション別に使えるフレーズをあげてあります。

●音声ダウンロードについて

　音声ファイルはナツメ社のウェブサイト（https://www.natsume.co.jp）の「音声DL版　オールカラー　基礎からレッスンはじめてのスペイン語」のページよりダウンロードできます。

ファイルを開く際には以下のパスワードをご入力ください。

パスワード：NsmYm6Eu

ダウンロードした音声は、パソコンやスマホのMP3対応のオーディオプレーヤーで再生できます。

※ダウンロードした音声データは本書の学習用途のみにご利用いただけます。データそのものを無断で複製、改変、頒布（インターネット等を通じた提供を含む）、販売、貸与、商用利用はできません。

※ダウンロードした音声データの使用により発生したいかなる損害についても、著者及び株式会社ナツメ社、ナツメ出版企画株式会社は一切の責任を負いかねますのでご了承ください。

まずはここから！
スペイン語の基本

🔊 DL **1_01**

アルファベット

まずは文字の基本、アルファベットを覚えましょう。

先生、スペイン語の
アルファベットは何
文字あるんですか？

アルファベットは27
文字で、英語にない文
字はñ（エニェ）だけ
です。

アルファベット		発音
A	a	ア
B	b	ベ
C	c	セ
D	d	デ
E	e	エ
F	f	エフェ
G	g	ヘ
H	h	アチェ
I	i	イ
J	j	ホタ
K	k	カ
L	l	エレ
M	m	エメ
N	n	エネ

アルファベット		発音
Ñ	ñ	エニェ
O	o	オ
P	p	ペ
Q	q	ク
R	r	エレ
S	s	エセ
T	t	テ
U	u	ウ
V	v	ウベ
W	w	ウベドブレ
X	x	エキス
Y	y	ジェ
Z	z	セタ

母　音

母音には、a［ア］／ e［エ］／ i［イ］／ o［オ］／ u［ウ］
の 5 つがあります。

母音はどんなふうに
発音するんですか？

母音が 1 つのときは、その
まま［ア］［エ］［イ］［オ］［ウ］
と発音すれば OK です。
2 つ以上が組み合わさると
きには、強い母音と弱い母
音があります。弱い母音同
士、あるいは弱い母音が強
い母音とくっつくと、1 つ
の母音とみなされます。こ
れを二重母音と言います。

母音の種類

a e o	強い母音
i u	弱い母音

❰ 母音が続いたときの発音例 ❱

iu	1つ	イゥ	ui	1つ	ゥイ
a i	1つ	アィ	u e	1つ	ゥエ
o a	2つ	オア	a u	1つ	アゥ
i e	1つ	ィエ	a o	2つ	アオ
a e	2つ	アエ	e a	2つ	エア
i o	1つ	ィオ			

DL 1_03

アクセント

スペイン語の特徴である、アクセントについて覚えましょう。

先生、アクセントっ
てどうするのです
か？

アクセント記号（´）のつ
いている単語は、その箇所
を強く発音しますが、その
前に記号のつかない2つの
ルールを覚えましょう。

ルール1

基本的には後ろから2番目の音節にアクセント

　母音によって区切られた音の単位を音節と言います。スペイン語では、基本的には後
ろから2番目の音節にアクセントがあります。

　スペインの地名で確認してみましょう。アクセント部分は太字で示してあります。

Barcelona	バル・セ・**ロ**・ナ
Sevilla	セ・**ビー**・リャ
Granada	グラ・**ナ**・ダ
Toledo	ト・**レ**・ド

ルール2

n/s 以外の子音で終わる単語は最後の音節にアクセント

Madrid	マ・ド**リード**
Santander	サン・タン・**デール**
Valladolid	バ・ジャ・ド・**リード**

ルール3

アクセント記号のあるところ

　［ルール1］［ルール2］にかかわらず、アクセント記号（ ´ ）がついた単語は、その音節にアクセントがあります。

Málaga	**マ**・ラ・ガ
Córdoba	**コ**ル・ド・バ
San Sebastián	サン・セ・バ・スティ**アン**

　アクセントを意識して強く、長めに読むと、カタカナ読みではなく、とてもスペイン語らしく聞こえます。この本の例文やフレーズでは、アクセントのある部分のカタカナには赤い点を付けて表しています。大げさなくらい意識して発音してみましょう。

発音とつづり

アルファベットのつづりと発音のしかたを覚えましょう。

スペイン語の発音っ
て難しいのですか？

いくつか、特徴的な発
音のしかたがあるの
で、しっかり覚えま
しょう。

※赤い点は、アクセントを示します。

a	日本語の「ア」の発音です。	
	アホ **ajo** にんにく	アモル **amor** 愛

b	「バ」行の発音です。	
	バル **bar** バル	ブソン **buzón** 郵便受け

c	a, o, u とくっつくと「カ」行の発音、e, i とくっつくと「サ」行の発音です。ch は「チャ」行の発音になります。	
	カマ **cama** ベッド	セルベサ **cerveza** ビール
	チコ **chico** 男の子	

d	「ダ」行の発音です。i, u とくっつくと「ディ」「ドゥ」になります。	
	ドミンゴ **domingo** 日曜日	ディエス **diez** 10

| **e** | 「エ」の発音です。※英語風に "イ" と読まないように注意。 ||
| | エヘルシシオ
ejercicio 練習 | エウロ
euro ユーロ |

| **f** | 「ファ」行の発音です。 ||
| | ファミリア
familia 家族 | フエゴ
fuego 炎 |

g	e, i とくっつくと j と同じ「ハ」行の発音です。それ以外は「ガ」行の発音です。gui は「ギ」、gue は「ゲ」と読みます。	
	ヒラソル **girasol** ひまわり	ガンバ **gamba** エビ
	ギタラ **guitarra** ギター	

| **h** | どの位置にあっても読みません。 ||
| | オテル
hotel ホテル | アイ
ahí そちら |

| **i** | 「イ」の発音です。 ||
| | イデア
idea アイデア | インビエルノ
invierno 冬 |

| **j** | 「ハ」行の発音です。のどの奥から強く声を出します。 ||
| | ハモン
jamón ハム | レロホ
reloj 時計 |

| **k** | 「カ」行の発音です。外来語にしか使いません。 ||
| | キロメトロ
kilómetro キロメートル | カラオケ
karaoke カラオケ |

| **l** | 1つのときは、「ラ」行の発音です。2つ重なると「ジャ」行の発音になります。 ||
| | レチュガ
lechuga レタス | ジャベ
llave カギ |

| **m** | 「マ」行の発音です。 ||
| | マノ
mano 手 | ムニェカ
muñeca 手首 |

n	「ナ」行の発音です。	
	<ruby>nariz<rt>ナリス</rt></ruby> 鼻	<ruby>número<rt>ヌメロ</rt></ruby> 番号

ñ	「ニャ」行の発音です。	
	<ruby>baño<rt>バニョ</rt></ruby> 浴室	<ruby>pestaña<rt>ペスタニャ</rt></ruby> まつげ

o	「オ」の発音です。	
	<ruby>once<rt>オンセ</rt></ruby> 11	<ruby>ojo<rt>オホ</rt></ruby> 目

p	「パ」行の発音です。	
	<ruby>puente<rt>プエンテ</rt></ruby> 橋	<ruby>pecho<rt>ペチョ</rt></ruby> 胸

q	「カ」行の発音です。que は「ケ」、qui は「キ」と読みます。	
	<ruby>queso<rt>ケソ</rt></ruby> チーズ	<ruby>quince<rt>キンセ</rt></ruby> 15

r	語頭の r、および rr と２つ重なったときは、巻き舌の「ラ」行です。 それ以外は普通の「ラ」行です。	
	<ruby>restaurante<rt>レスタウランテ</rt></ruby> レストラン	<ruby>perro<rt>ペロ</rt></ruby> 犬
	<ruby>pero<rt>ペロ</rt></ruby> しかし	

s	「サ」行の発音です。	
	<ruby>sol<rt>ソル</rt></ruby> 太陽	<ruby>salsa<rt>サルサ</rt></ruby> ソース

t	「タ」行の発音です。	
	<ruby>tomate<rt>トマテ</rt></ruby> トマト	<ruby>tamaño<rt>タマニョ</rt></ruby> サイズ

u	「ウ」の発音です。日本語より唇をとがらせて強く発音します。	
	<ruby>uva<rt>ウバ</rt></ruby> ぶどう	<ruby>uña<rt>ウニャ</rt></ruby> 爪

v	「バ」行の発音です。※「ヴァ」行で発音しないように注意。
	vaso（バソ）　コップ　　　　**verdura**（ベルドゥラ）　野菜
w	「ワ」行の発音です。外来語にしか使いません。
	wi-fi（ウィフィ）　ワイファイ　　　**whisky**（ウィスキー）　ウィスキー
x	基本的には「クス」と発音します。いくつか例外があります。
	examen（エクサメン）　試験　　　**extranjero**（エクストランヘロ）　外国人 **México**（メヒコ）　メキシコ
y	「ジャ」行の発音です。単独または、語尾のときは「イ」と読みます。
	playa（プラジャ）　海岸　　　**hoy**（オイ）　今日
z	「サ」行の発音です。※「ザ」行で発音しないように注意。
	zapato（サパト）　靴　　　**luz**（ルス）　光

テスト　　次の単語の発音のカタカナ表記として、いちばん近いものを選びましょう。

❶ lluvia（雨）

　A　ルービア　　　B　ジュービア　　　C　ジュビーア

❷ helado（アイスクリーム）

　A　ヘラード　　　B　ヘラドー　　　C　エラード

❸ pareja（カップル）

　A　パレーハ　　　B　パレージャ　　　C　パレーア

<解答> ❶：B　❷：C　❸：A

名　詞

ここでは、スペイン語の名詞の特徴について学びましょう。

スペイン語では、名詞に男女の区別があるのですか？

スペイン語の名詞は、文法上の性を持っていて、生物かどうかにかかわらず、男性・女性に分かれています。

◆ 人・動物など ◆

　自然の性が男性、女性に分けられるものは、その性に一致します。多くの男性名詞は語尾が -o で終わり、女性名詞は -a で終わります。ただし、例外もあります。

自然の性があるもの	
男性名詞	女性名詞
パドレ **padre**	マドレ **madre**
父親	母親
オンブレ **hombre**	ムヘル **mujer**
男の人	女の人
男性名詞：-o	女性名詞：-a
エルマノ **herman**o	エルマナ **herman**a
兄弟	姉妹
アミゴ **amig**o	アミガ **amig**a
（男の）友人	（女の）友人

プロフェソル **profesor** (例外)	プロフェソラ **profesora**
（男の）先生	（女の）先生
ガト **gato**	ガタ **gata**
（オスの）猫	（メスの）猫

● 自然の性のないもの ●

「本」「家」「間違い」「考え」など、物であれ概念であれ、名詞はすべて男性名詞と女性名詞に分かれます。語尾が -o で終わる名詞の多くは男性名詞、-a や -ión で終わる名詞の多くは女性名詞です。ただし、例外もあります。

男性名詞

リブロ **libro**	オホ **ojo**
本	目
ウエボ **huevo**	ビジェテ **billete** (例外)
卵	切符
エロル **error** (例外)	
間違い	

女性名詞

カサ **casa**	ファルダ **falda**
家	スカート
イデア **idea**	エスタシオン **estación**
考え	駅
フロル **flor** (例外)	
花	

また、名詞には単数形と複数形があり、複数形は、語尾に -s または -es をつけて作ります（▶ P.58）。

21

冠　詞

冠詞とは、名詞の前につき、その名詞の性質を示します。

冠詞って、日本語にはないですよね？

そうですね、日本語にはありません。冠詞とは、英語の the や a にあたるものです。

定冠詞

英語の the にあたるものです。太陽や月のように１つしかないものや、すでに話題に出ていて特定できるものに使います。スペイン語の定冠詞には次の４種類があります。

	男性名詞	女性名詞
単数形	エル リブロ **el libro** （その）本	ラ カサ **la casa** （その）家
複数形	ロス リブロス **los libros** （それらの）本	ラス カサス **las casas** （それらの）家

不定冠詞

英語の a(an) にあたるものです。特定できないものに使います。不定冠詞も同じく４種類あります。

	男性名詞	女性名詞
単数形	<ruby>un<rt>ウン</rt></ruby> <ruby>libro<rt>リブロ</rt></ruby> （ある1冊の）本	<ruby>una<rt>ウナ</rt></ruby> <ruby>casa<rt>カサ</rt></ruby> （ある1つの）家
複数形	<ruby>unos<rt>ウノス</rt></ruby> <ruby>libros<rt>リブロス</rt></ruby> （ある何冊かの）本	<ruby>unas<rt>ウナス</rt></ruby> <ruby>casas<rt>カサス</rt></ruby> （あるいくつかの）家

テスト 1

次の単語が、男性名詞か、女性名詞か考えて○をつけましょう。わからないときは、辞書を使って調べましょう。

❶ <ruby>niña<rt>ニニャ</rt></ruby>	女の子	男性名詞	女性名詞
❷ <ruby>primo<rt>プリモ</rt></ruby>	いとこ	男性名詞	女性名詞
❸ <ruby>vaca<rt>バカ</rt></ruby>	牝牛	男性名詞	女性名詞
❹ <ruby>vaso<rt>バソ</rt></ruby>	コップ	男性名詞	女性名詞
❺ <ruby>hospital<rt>オスピタル</rt></ruby>	病院	男性名詞	女性名詞
❻ <ruby>oficina<rt>オフィシナ</rt></ruby>	事務所	男性名詞	女性名詞

＜解答＞❶：女性名詞　❷：男性名詞　❸：女性名詞　❹：男性名詞　❺：男性名詞　❻：女性名詞

テスト 2

次の単語に、それぞれ定冠詞と不定冠詞をつけてみましょう。

定冠詞	不定冠詞	意味
❶ (　) <ruby>primo<rt>プリモ</rt></ruby>	❷ (　) <ruby>primo<rt>プリモ</rt></ruby>	いとこ
❸ (　) <ruby>vacas<rt>バカス</rt></ruby>	❹ (　) <ruby>vacas<rt>バカス</rt></ruby>	牝牛
❺ (　) <ruby>hospitales<rt>オスピタレス</rt></ruby>	❻ (　) <ruby>hospitales<rt>オスピタレス</rt></ruby>	病院
❼ (　) <ruby>oficina<rt>オフィシナ</rt></ruby>	❽ (　) <ruby>oficina<rt>オフィシナ</rt></ruby>	事務所

＜解答＞❶：el　❷：un　❸：las　❹：unas　❺：los　❻：unos　❼：la　❽：una

人称代名詞と主語

文章を組み立てるうえで重要な、主語について学びましょう。

主語について、教えてください。

スペイン語では、主語を6種類に分けます。

主語の種類

スペイン語では、主語を6種類に分けます。文法用語だと、次のようになります。

人称	主語	
1人称単数	_{ジョ} **yo**	私
2人称単数	_{トゥ} **tú**	君
3人称単数	_{エル エジャ ウステー} **él/ella/usted**	彼／彼女／あなた
1人称複数	_{ノソトロス ノソトラス} **nosotros/nosotras** (女性のみ)	私たち
2人称複数	_{ボソトロス ボソトラス} **vosotros/vosotras** (女性のみ)	君たち
3人称複数	_{エジョス エジャス ウステデス} **ellos/ellas/ustedes**	彼ら／彼女ら／あなたたち

この6つの分類に従って、動詞の活用が決まります。

● ser 動詞の活用 ●

英語の be 動詞にあたる ser は、6 種類の主語によって次のように活用します。

主語	ser の活用	意味
ジョ **yo**	シィ **soy**	私は〜です
トゥ **tú**	エレス **eres**	君は〜です
エル エジャ ウステー **él/ella/usted**	エス **es**	彼／彼女／あなたは 〜です
ノソトロス ノソトラス **nosotros/nosotras** (女性のみ)	ソモス **somos**	私たちは〜です
ボソトロス ボソトラス **vosotros/vosotras** (女性のみ)	ソイス **sois**	君たちは〜です
エジョス エジャス ウステデス **ellos/ellas/ustedes**	ソン **son**	彼ら／彼女ら／ あなたたちは〜です

テスト　次の主語とそれ以下の部分を、正しい文章になるようにつないでみましょう。

❶ Tú y Pedro

❷ Nosotras no

❸ El profesor Sakiyama

❹ Tú

❺ Yo

❻ Mis abuelos

A　sois primos.

B　es peruano.

C　son altos.

D　somos perezosas.

E　eres muy guapa.

F　soy francesa.

ヒント

❶ 君とペドロ（君たち）はいとこだよ。
❷ 私たちは怠け者ではありません。
❸ サキヤマ先生（彼）はペルー人です。
❹ 君はとても美人だね。
❺ 私はフランス人です。
❻ 私の祖父母（彼ら）は背が高いです。

＜解答＞❶：A　❷：D　❸：B　❹：E　❺：F　❻：C

動　詞

文章の基本となる動詞について、しっかり学びましょう。

動詞にも種類が
あるのですか？

スペイン語の動詞は、語
尾によって -ar 動詞、-er
動詞、-ir 動詞の 3 種類
に分けられます。

-ar 動詞 /-er 動詞 /-ir 動詞

　スペイン語の動詞は、-ar 動詞、-er 動詞、-ir 動詞の 3 種類で、主語の人称と数によって語尾が変化します。3 つの動詞の現在形の規則活用は、次のようになります。

-ar 動詞：habl_{ar} 話す（アブラル）			
主語	活用形	主語	活用形
yo（ジョ）私	hablo（アブロ）	nosotros/nosotras（ノソトロス／ノソトラス）（女性のみ）私たち	hablamos（アブラモス）
tú（トゥ）君	hablas（アブラス）	vosotros/vosotras（ボソトロス／ボソトラス）（女性のみ）君たち	habláis（アブライス）
él/ella/usted（エル エジャ ウステー）彼／彼女／あなた	habla（アブラ）	ellos/ellas/ustedes（エジョス エジャス ウステデス）彼ら／彼女ら／あなたたち	hablan（アブラン）

-er 動詞：com**er**　食べる

主語	活用形	主語	活用形
ジョ yo 私	コモ com**o**	ノソトロス nosotros/ ノソトラス nosotras（女性のみ） 私たち	コメモス com**emos**
トゥ tú 君	コメス com**es**	ボソトロス vosotros/ ボソトラス vosotras（女性のみ） 君たち	コメイス com**éis**
エル　エジャ　ウステー él/ella/usted 彼／彼女／あなた	コメ com**e**	エジョス／エジャス／ウステデス ellos/ellas/ustedes 彼ら／彼女ら／あなたたち	コメン com**en**

-ir 動詞：viv**ir**　暮らす

主語	活用形	主語	活用形
ジョ yo 私	ビボ viv**o**	ノソトロス nosotros/ ノソトラス nosotras（女性のみ） 私たち	ビビモス viv**imos**
トゥ tú 君	ビベス viv**es**	ボソトロス vosotros/ ボソトラス vosotras（女性のみ） 君たち	ビビス viv**ís**
エル　エジャ　ウステー él/ella/usted 彼／彼女／あなた	ビベ viv**e**	エジョス／エジャス／ウステデス ellos/ellas/ustedes 彼ら／彼女ら／あなたたち	ビベン viv**en**

テスト　　（　）内に、［　］内の動詞を活用させて入れてみましょう。

❶ 私たちは、日本語を話します。　　　　　　　　　［hablar］

　　Nosotros（　　　　　　　　　　） japonés.

❷ あなたたちは米を食べるのですか？　　　　　　　［comer］

　　¿Ustedes（　　　　　　　　　　） arroz?

❸ カルロスはトレドに住んでいる。　　　　　　　　［vivir］

　　Carlos（　　　　　　　　　　） en Toledo.

❹ 君はイタリア語を話すの？　　　　　　　　　　　［hablar］

　　¿Tú（　　　　　　　　　　） italiano?

<解答> ❶：hablamos　❷：comen　❸：vive　❹：hablas

動詞の不規則活用

ただし、スペイン語には不規則活用がたくさんあります。特によく使う動詞ほど、不規則活用になりやすいのですが、あきらめずに1つ1つ覚えていきましょう。

《 不規則活用の例 》

主語	活用形	主語	活用形
ir 行く			
yo 私	ボイ **voy**	nosotros/nosotras（女性のみ） 私たち	バモス **vamos**
tú 君	バス **vas**	vosotros/vosotras（女性のみ） 君たち	バイス **vais**
él/ella/usted 彼／彼女／あなた	バ **va**	ellos/ellas/ustedes 彼ら／彼女ら／あなたたち	バン **van**
venir 来る			
yo 私	ベンゴ **vengo**	nosotros/nosotras（女性のみ） 私たち	ベニモス **venimos**
tú 君	ビエネス **vienes**	vosotros/vosotras（女性のみ） 君たち	ベニス **venís**
él/ella/usted 彼／彼女／あなた	ビエネ **viene**	ellos/ellas/ustedes 彼ら／彼女ら／あなたたち	ビエネン **vienen**
tener 持つ			
yo 私	テンゴ **tengo**	nosotros/nosotras（女性のみ） 私たち	テネモス **tenemos**
tú 君	ティエネス **tienes**	vosotros/vosotras（女性のみ） 君たち	テネイス **tenéis**
él/ella/usted 彼／彼女／あなた	ティエネ **tiene**	ellos/ellas/ustedes 彼ら／彼女ら／あなたたち	ティエネン **tienen**
querer 欲しがる			
yo 私	キエロ **quiero**	nosotros/nosotras（女性のみ） 私たち	ケレモス **queremos**
tú 君	キエレス **quieres**	vosotros/vosotras（女性のみ） 君たち	ケレイス **queréis**
él/ella/usted 彼／彼女／あなた	キエレ **quiere**	ellos/ellas/ustedes 彼ら／彼女ら／あなたたち	キエレン **quieren**

再帰動詞

スペイン語では、再帰動詞と呼ばれるものがあります。

再帰動詞っていったいどんなものなんですか？

これは、動詞の行為が自分自身に返ってくるイメージの動詞の使い方です。

　スペイン語の再帰動詞は、「再（び）帰（る）」という名前からもわかるように、動詞の行為が自分自身に返ってくるイメージです。

　たとえば、levantar は「起こす」という動詞です。例を見てみましょう。

A

Mi madre me levanta temprano.
ミ　マドレ　メ　レバンタ　テンプラノ
　（私の母）　　　（私を）　（起こす）　　（早く）

母は、私を早く起こす。

　しかし、levantar に se のついた levantarse という再帰動詞は、自分自身を起こす、つまり「起きる」という動詞になります。

B

Yo me levanto temprano.
ジョ　メ　レバント　テンプラノ
　（私）　（起きる）　　（早く）

私は早く起きる。

　Aの文では、主語が Mi madre なので、動詞の活用が 3 人称単数の形になっています（levanta）。**B**の文では、主語が Yo なので、動詞の活用が 1 人称単数の形になっています（levanto）。

29

過去形

スペイン語の過去形について学びましょう。

過去のことは、どのように表現しますか？

動詞を活用させます。スペイン語の「過去形」には「点過去」と「線過去」の2種類があります。

点過去

点過去は、過去に完結した行為を「点」のようにとらえて述べる形です。

アジェル　ジョ　トラバヘ　ムチョ
Ayer yo trabajé mucho.
（昨日）（私は）（働いた）（たくさん）

昨日、私はたくさん働いた。

（たくさん働いたことは、すでに昨日のことで完結している。）

線過去

　それに対して線過去は、過去のことであっても、行為を継続的に行われていた「線」のようにとらえて述べる形です。

アンテス　ジョ　トラバハバ　ムチョ　カダ　ディア
Antes yo trabajaba mucho cada día.

（以前）（私は）　（働いていた）　　（たくさん）　　（毎日）

以前、私は毎日よく働いていた。

（毎日たくさん働くということが繰り返し行われていた。）

● 点過去の規則活用 ●

点過去の規則活用は次のとおりです。

-ar 動詞：hablar（アブラル） 話す

主語	活用形	主語	活用形
yo（ジョ） 私	hablé（アブレ）	nosotros/nosotras（ノソトロス／ノソトラス）(女性のみ) 私たち	hablamos（アブラモス）
tú（トゥ） 君	hablaste（アブラステ）	vosotros/vosotras（ボソトロス／ボソトラス）(女性のみ) 君たち	hablasteis（アブラステイス）
él/ella/usted（エル エジャ ウステー） 彼／彼女／あなた	habló（アブロ）	ellos/ellas/ustedes（エジョス エジャス ウステデス） 彼ら／彼女ら／あなたたち	hablaron（アブラロン）

-er 動詞：comer（コメル） 食べる

主語	活用形	主語	活用形
yo（ジョ） 私	comí（コミ）	nosotros/nosotras（ノソトロス／ノソトラス）(女性のみ) 私たち	comimos（コミモス）
tú（トゥ） 君	comiste（コミステ）	vosotros/vosotras（ボソトロス／ボソトラス）(女性のみ) 君たち	comisteis（コミステイス）
él/ella/usted（エル エジャ ウステー） 彼／彼女／あなた	comió（コミオ）	ellos/ellas/ustedes（エジョス エジャス ウステデス） 彼ら／彼女ら／あなたたち	comieron（コミエロン）

-ir 動詞：vivir（ビビル） 暮らす

主語	活用形	主語	活用形
yo（ジョ） 私	viví（ビビ）	nosotros/nosotras（ノソトロス／ノソトラス）(女性のみ) 私たち	vivimos（ビビモス）
tú（トゥ） 君	viviste（ビビステ）	vosotros/vosotras（ボソトロス／ボソトラス）(女性のみ) 君たち	vivisteis（ビビステイス）
él/ella/usted（エル エジャ ウステー） 彼／彼女／あなた	vivió（ビビオ）	ellos/ellas/ustedes（エジョス エジャス ウステデス） 彼ら／彼女ら／あなたたち	vivieron（ビビエロン）

点過去には、不規則活用がとてもたくさんあります。次に、その例をあげてみます。

ir（行く）	fui	fuiste	fue
	fuimos	fuisteis	fueron

Yo fui a Kobe la semana pasada.　私は先週神戸へ行った。

tener（持つ）	tuve	tuviste	tuvo
	tuvimos	tuvisteis	tuvieron

Mi padre no tuvo mucho trabajo este verano.

父はこの夏、あまり仕事がなかった。

線過去の規則活用は次のとおりです。不規則活用はあまりありません。

-ar 動詞：hablar　話す

主語	活用形	主語	活用形
yo 私	hablaba	nosotros/nosotras（女性のみ）私たち	hablábamos
tú 君	hablabas	vosotros/vosotras（女性のみ）君たち	hablabais
él/ella/usted 彼／彼女／あなた	hablaba	ellos/ellas/ustedes 彼ら／彼女ら／あなたたち	hablaban

-er 動詞：comer　食べる

主語	活用形	主語	活用形
yo 私	comía	nosotros/nosotras（女性のみ）私たち	comíamos
tú 君	comías	vosotros/vosotras（女性のみ）君たち	comíais
él/ella/usted 彼／彼女／あなた	comía	ellos/ellas/ustedes 彼ら／彼女ら／あなたたち	comían

-ir 動詞：vivir　暮らす

主語	活用形	主語	活用形
yo 私	vivía	nosotros/nosotras（女性のみ）私たち	vivíamos
tú 君	vivías	vosotros/vosotras（女性のみ）君たち	vivíais
él/ella/usted 彼／彼女／あなた	vivía	ellos/ellas/ustedes 彼ら／彼女ら／あなたたち	vivían

そのまま覚えればOK!
あいさつのことば

基本のあいさつ

明るく「オラ！」と声をかけるのがスタートです。

オラ
¡Hola!
こんにちは。

プエノス　ディアス
Buenos días.
おはよう。

学校や職場だけでなく、
レストランやお店に
入ったときなどにも使
います。

スペイン人の昼食は遅
いので、午前中から午
後2時くらいまで使う
あいさつです。

プエナス　タルデス
Buenas tardes.
こんにちは。

昼食後から、夕食まで使うあいさつです。夕食も遅いので、夜7時くらいまで使います。

コモ　　　エスタス
¿Cómo estás?
調子はどう？

「調子はどう？」「ごきげんいかが？」など、相手のことをたずねるのも、あいさつの一部です。

エストイ　　　ビエン
Estoy bien.
元気よ。

調子を聞かれたときの一番よく使えることばです。

初対面のあいさつ

初対面では、まず自己紹介です。
きちんと聞き取ってもらえるように、はっきりと伝えましょう。

エンカンタド　　　　　　デ　　　　　コノセルテ
Encantado de conocerte.
お会いできてうれしいです。

"Encantado." だ け で も
OK。女性が言う場合は、
エンカンタダ
"Encantada." になります
（▶ P.60）。

ムチョ　　　　　　グスト
Mucho gusto.
はじめまして。

言いながら握手ができたら
かっこいいですね！

メ ジャモ キヨミ
Me llamo Kiyomi.

私の名前はキヨミです。

「ジャモ」の「ジャ」を強く言いましょう。日本人の名前は聞き取りにくいこともあるので、ゆっくりはっきりと言うのがポイントです。

ソイ デ ハポン
Soy de Japón.

日本から来ました。

「日本の出身である」ことを表す表現です（▶ P.62）。

テンゴ トレインタ アニョス
Tengo treinta años.

私は 30 歳です。

年齢を表す表現です。
数字の表現は 83 ページを見てください。
日本人は若く見られがちなので、毅然として言いましょう！

別れと再会のあいさつ

別れのあいさつには、再会への期待が込められたことばもあります。

アディオス　　　アスタ　　　ルエゴ
Adiós, hasta luego.

さようなら、またね。

明日も会うことが決まっているとき
に言います。
mañana は「明日」の意味です。

hasta luego は、スペインでもっとも使
別れのあいさつです。お店を出るときも
電話を切るときも、この表現で OK です
よく「アスタレゴ」に聞こえます。

アスタ　　　　　　マニャナ
Hasta mañana.

また明日ね。

café

シ　　　アスタ　　　マニャナ
Sí, hasta mañana.

ええ、ではまた明日。

イグアルメンテ
Igualmente.
あなたもね。

「同様に」という意味です。相手から気づかってもらったら「あなたもね」と返しましょう。

ブエン　　　ビアヘ
¡Buen viaje!
よい旅を！

旅行中に会った人と別れるときや、相手が旅立つときに使うならこれです。

ケ　　タル
¿Qué tal?
調子はどう？

クアント　　　ティエンポ
Cuánto tiempo.
ひさしぶり。

「ひさしぶり」にそのままあてはまるあいさつはありませんが、「なんて長い間会えなかったんだろう」という意味で、このように言います。

¿Cómo estás? よりもくだけた表現です。「元気？」といった感じで気軽な声かけによく使います。

39

返事とお願いのことば

「はい」や「いいえ」という答えにも、いろいろな言い方があります。

シ
Sí.
はい。

「イエスかノーか？」
は "¿Sí o no?" になり
ます。

ノ
No.
いいえ。

Sí には、アクセント
が付きますが、No に
は付きません。

バレ
Vale.
わかりました。

友だち同士の「いいよ」から、レストランでの「かしこまりました」まで、幅広く使われる表現です。

オトラ ベス ポル ファボル
Otra vez, por favor.
もういちどお願いします。

por favor が、英語の please にあたります。

ノ エンティエンド
No entiendo.
理解できません。

ウン モメント
Un momento.
ちょっと待ってください。

"Un momento, por favor." と
言えば、より丁寧になります。

食事のあいさつ・表現

レストランでのちょっとしたひと言で、食事がより楽しくなります。

¡Que aproveche!
（ケ アプロベチェ）
召し上がれ。

旅行中は、言うより言われるほうが多いことばです。にっこり笑って Gracias.（グラシアス）と返しましょう。

Muy rico.
（ムイ リコ）
おいしいです。

「とてもおいしい」という意味です。ウェイターはお皿を下げるときに、よく ¿Te gustó?（テ グスト）「気に入った？」と聞いてくれます。

サルー
¡Salud!
乾杯！

salud は「健康」という意味
で、くしゃみをした人に対し
ても "Salud." と言うことが
あります。

テンゴ　　　　　アンブレ
Tengo hambre.
おなかがすきました。

「とてもおなかがすいた」ときは、
Tengo mucha hambre.「のどがか
わいた」ときは、Tengo sed. です。

エストイ　　　ジェノ
Estoy lleno.
おなかがいっぱいです。

女性が言うときは、Estoy
llena. になります。

感謝のことば

「ありがとう」にもいろいろな言い方があります。
その場に応じて使い分けてみましょう。

グラシアス
Gracias.
ありがとう。

いちばん大切なことばです。「ラ」を
強く、「シ」を「スィ」に近い発音で。

ムチャス　　　　グラシアス
Muchas gracias.
どうもありがとう。

直訳すると「たくさんあり
がとう」です。さらにもっ
とたくさんありがとう！と
言いたいときには、
"¡Muchísimas gracias!"

デ　　ナダ
De nada.
どういたしまして。

nada は、英語の
nothing、つまり「何
もないこと」です。

何から何まで親切にしてもらった…などというときに使います。todo は英語の all、つまり「すべて」です。

グラシアス　　ポル　　トド
Gracias por todo.
いろいろありがとう。

ノ　　　　パサ　　　ナダ
No pasa nada.
たいしたことではありません。

ノ　　　アイ　　　　プロブレマ
No hay problema.
問題ありません。

「大丈夫ですよ」「心配しないでください」
というときに。

45

お詫びと確認のことば

お詫びのことばは、何より誠意が大切です。心をこめて言いましょう。

人ごみを通してもらいたいときや、街中で荷物がぶつかってしまったときなど、必ず "Perdón." と声をかけましょう。何か頼みたいときにも使えます。

ペルドン
Perdón.

すみません。

残念に思う、申し訳なく思うときに。

ロ　　　シエント
Lo siento.

ごめんなさい。

デ　　　　ベルダー
¿De verdad?

本当ですか？（そうですよね？）

相手の言ったことを問い返すときにも、自分が言ったことが正しいかを確認するときにも使えます。

エスタ　　　ビエン
¿Está bien?

いいですか？

何かを指さしながら、「これでいいですか？」
エスタ　ビエン　アシ
¿Está bien así?　と言えます。

シ　　　エソ　　エス
Sí, eso es.

はい、そのとおりです。

確認をされたときなどの答えに使えます。

お祝いのことば

うれしいことがあったとき、お祝いしたいことがあるときなど、
こんなふうに言ってみましょう。

> フェリシダデス
> **¡Felicidades!**
> おめでとう！

結婚やクリスマス、誕生日
にも使えます。

> エノラブエナ
> **¡Enhorabuena!**
> がんばったね！

試験の合格や昇進など、努力の結
果、成功したことに対して使います。
Felicidades. でも OK です。

> ビエン　　エチョ
> **¡Bien hecho!**
> よくやったね！

何かをなしとげたことに対して、
ほめる意味合いで使います。

¡Feliz cumpleaños!

フェリス　　　　　クンプレアニョス

お誕生日おめでとう！

スペインでは、誕生日を迎えた本人がコーヒーをおごるなど、まわりにちょっとしたプレゼントをします。

¡Feliz Navidad!

フェリス　　　　ナビダー

メリークリスマス！

¡Feliz año nuevo!

フェリス　　　アニョ　　　ヌエボ

あけましておめでとうございます！

スペインでは、クリスマスと新年の２つを合わせて、"Feliz Navidad y próspero Año Nuevo."（メリークリスマス、そしてよいお年を）というのが決まり文句です。

フェリス　ナビダー　イ　プロスペロ　アニョ　ヌエボ

会話でよく使うフレーズ

スペイン人が、会話の際によく使うあいづちなどのフレーズを集めてみました。

Genial.
<small>ヘニアル</small>
最高。

Más o menos.
<small>マス オ メノス</small>
まあまあ。

No te preocupes.
<small>ノ テ プレオクペス</small>
心配しないで。

Vamos a ver.
<small>バモス ア ベル</small>
どれどれ。

¡No me digas!
<small>ノ メ ディガス</small>
まさか。

Dime, dime.
<small>ディメ ディメ</small>
なに、なに。

Ni idea.
<small>ニ イデア</small>
まったく
わからない。

Vaya.
<small>バジャ</small>
そんなあ。

CAPÍTULO

3

覚えておきたい！
基本のフレーズ

私は〜です。

自己紹介のときに使える表現です。

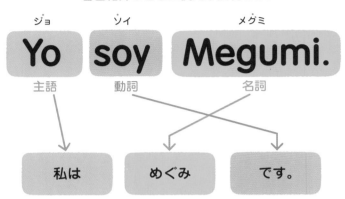

ジョ　　　　ソイ　　　　　　メグミ

Yo soy Megumi.

主語　　　　動詞　　　　　　名詞

私は　　　　めぐみ　　　　　です。

ちょっとだけ文法 ❶　　[yo　私]

「私は〜です。」は、"Yo soy 〜 ." です。英語の "I am" に相当しますが、"Yo" は省略することもできます。また、文中では y も小文字になります。

例
ソイ　ナナ
Soy Nana.　　　　　　　　ナナです。
オラ　ジョ　ソイ　ハルカ
Hola, yo soy Haruka.　　こんにちは、私はハルカです。

ちょっとだけ文法 ❷　　[名詞の性]

スペイン語の名詞には、**男性名詞**と**女性名詞**があります。同じ「日本人」を表すことばにも、**japonés**（男性の場合）、**japonesa**（女性の場合）という 2 種類があります。（英語と違って、国籍を表す語も小文字で始まります。）

例
ソイ　ハポネス
Soy japonés.　　私は日本人です。[男性]
ソイ　ハポネサ
Soy japonesa.　　私は日本人です。[女性]

こんな場面で使います

Caso **1**

A
ジョ ソイ アキヒロ ソイ ハポネス
Yo soy Akihiro. Soy japonés.
ぼくはアキヒロです。日本人です。

B
アキヒロ エンカンタダ
¿Akihiro? Encantada.
アキヒロ？ はじめまして。

Encantada は、男性が言う場合は、"Encantado."
（はじめまして。）になります。

Caso **2**

B
ソイ コシネロ
Soy cocinero.
私は料理人です。

A
ソイ アボガダ
Soy abogada.
私は弁護士です。

職業や国籍を言うときに
は、冠詞（un, una, el, la
など、英語の a や the に
あたるもの）は不要です。

テスト ‖ 次のセリフは、男性、女性どちらのものでしょう？

❶ ソイ エスパニョラ
Soy española. 私はスペイン人です。
❷ ソイ プロフェソル
Soy profesor. 私は教師です。

[ヒント]

エスパニョル エスパニョラ
español ［男性］ ⇔ española ［女性］ スペイン人
プロフェソル プロフェソラ
profesor ［男性］ ⇔ profesora ［女性］ 教師

<解答> ❶：女性 ❷：男性

君は〜ですか？

相手の国籍や職業をたずねたいときに使えます。

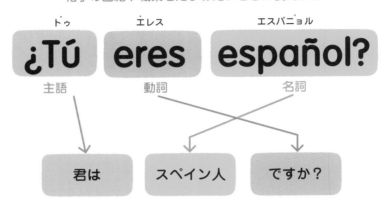

ドゥ　　エレス　　　　エスパニョル
¿Tú eres español?

主語　　　　　動詞　　　　　名詞

君は　　スペイン人　　ですか？

ちょっとだけ文法 ①　[tú 君]

「君は〜です。」は、"**Tú eres 〜**." になります。英語の "You are" に相当します。yo と同じように、tú も省略することができます。

例　**Tú eres peruano.**
君はペルー人（男性）ですね。
Eres enfermera.
君は看護師（女性）ですね。

ちょっとだけ文法 ②　[疑問文]

スペイン語の疑問文は、文の前後を上下のクエスチョンマークではさみます。語順を変える必要はありません。話すときには、語尾を上げて発音します。

例　**¿Tú eres pianista?**
君はピアニストですか？
¿Eres Carlos?
君はカルロスですか？

Caso 1

¿Tú eres torero? Increíble.
ドゥ エレス トレロ インクレイブレ

君は闘牛士なのですか？　信じられない。

torero（闘牛士）も職業です。
"Increíble."「信じられない。」は驚いた
ときに使えます。

Caso 2

¿Eres estudiante?
エレス エストゥディアンテ

君は学生ですか？

Sí. Soy estudiante.
シ ソイ エストゥディアンテ

はい、学生です。

estudiante（学生）は、男女とも同じ形です。

◉ 主な職業 ◉

職業	男性形	女性形
エンジニア	ingeniero インヘニエロ	ingeniera インヘニエラ
デザイナー	diseñador ディセニャドル	diseñadora ディセニャドラ
医者	médico メディコ	médica メディカ
社長	presidente プレシデンテ	presidenta プレシデンタ
公務員	funcionario フンシオナリオ	funcionaria フンシオナリア
農家	agricultor アグリクルトル	agricultora アグリクルトラ

歯医者	dentista デンティスタ	スタイリスト	estilista エスティリスタ
記者	periodista ペリオディスタ	通訳	intérprete インテルプレテ

＊ひとつしかないものは男女同形です。

55

彼は・彼女は・あなたは〜ではありません

第三者や目上の人について表します。

エジャ　　　　　ン　　エス　　　　　　　プロフェソラ
Ella no es profesora.

主語　　　　　　動詞　　　　　　　　　名詞

彼女は　　教師　　ではありません。

ちょっとだけ文法 ❶ [él/ella/usted　彼・彼女・あなた]

「彼」「彼女」に加えて、目上の人である「あなた」を、同じ３人称として扱います。敬意を示す相手は、少し遠い存在としてとらえると考えてください。

エル él	彼	エジャ ella	彼女
ウステー usted	あなた（Ud. または Vd. とも書きます。）		

「〜である」にあたる動詞は "エス es" となります。

例
ヒロコ　エス　ハポネサ　　エジャ　エス　ピアニスタ
Hiroko es japonesa. Ella es pianista.
ヒロコは日本人です。彼女はピアニストです。
ウステー　エス　プロフェソル
¿Usted es profesor?　あなたは先生ですか？

ちょっとだけ文法 ❷ [否定文]

否定文（〜ではない）は、動詞の前に no をつけます。

例
ノ　ソイ　チノ
No soy chino.　　　　　　　　僕は中国人ではありません。
ペドロ　ノ　エス　ピントル
Pedro no es pintor.　　　　　ペドロは画家ではありません。
ウステー　ノ　エス　ペルアノ
¿Usted no es peruano?　あなたはペルー人ではないのですか？

こんな場面で使います

Caso 1

A
ウステー　エス　ハビエル
¿Usted es Javier?
あなたはハビエルですか？

B
ノ　ノ　ソイ　ハビエル　エル　エス　ハビエル
No. No soy Javier. Él es Javier.
いいえ。私はハビエルではありません。彼がハビエルです。

「いいえ。」は "No." です。いったん
No. と答えて、落ち着いて否定文を組み
立てましょう。

Caso 2

A
マリア　エス　インテリヘンテ
María es inteligente.
マリアは頭がいい。

B
シ　エス　プロフェソラ
Sí. Es profesora.
そうよ。彼女は先生だもの。

話題にしている人物が明らかなときは、主語を
省略するのが自然です。

columna

名詞の性の例外

　-o で終わる名詞は男性名詞、-a で終わる名詞は女性名詞であることが多い
のですが、例外もたくさんあります。いくつか例をあげてみます。

-o で終わる女性名詞	マノ **mano**	フォト **foto**	ラディオ **radio**
	手	写真	ラジオ
-a で終わる男性名詞	ディア **día**	マパ **mapa**	プロブレマ **problema**
	日	地図	問題

私たちは〜です

自分を含む複数の人について話すときの言い方です。

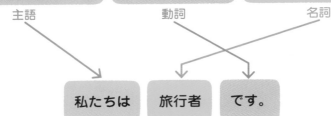

ノソトロス　　　　　　　　ソモス　　　　　　　　　　ビアヘロス

Nosotros somos viajeros.

主語　　　　　　　　　　動詞　　　　　　　　名詞

私たちは　　旅行者　　です。

ちょっとだけ文法 ❶　[nosotros　私たち]

　「私たちは〜です。」は "**Nosotros somos 〜 .**" です。「私たち」とは、話し手を含む複数の人物ということなので、「○○と私」が主語のときも、同じように動詞は somos です。女性だけの場合は、**nosotras** になります。

例
　ノソトロス　　ソモス　　ビントレス
Nosotros somos pintores.　　　　　　私たちは画家です。

アキコ　イ　ジョ　ソモス　エストゥディアンテス
Akiko y yo somos estudiantes.　　アキコと私は生徒です。

ノソトラス　　ソモス　　エストゥディアンテス
Nosotras somos estudiantes.　　　私たちは生徒です。

トゥ　イ　ジョ　ソモス　アミゴス
Tú y yo somos amigos.　　　　　　君と僕は友だちだ。

ちょっとだけ文法 ❷　[名詞の複数形]

　スペイン語の名詞は、2つ以上を表す場合に複数形になります。単語の最後に -s か -es をつけて作ります。母音で終わる名詞には -s、子音で終わる名詞には -es をつけます。

例
　ジョ　ソイ　エストゥディアンテ
Yo soy estudiante.　　　　　　　　　私は学生（単数形）です。

ノソトロス　　ソモス　　エストゥディアンテス
Nosotros somos estudiantes.　　私たちは学生（複数形）です。

カルロス　エス　エスパニョル
Carlos es español.　　　　　　　　カルロスはスペイン人（単数形）です。

ノソトロス　　ソモス　　エスパニョーレス
Nosotros somos españoles.　　私たちはスペイン人（複数形）です。

Caso 1

A

ノソトロス　　ソモス　　　ボルンタリオス
Nosotros somos voluntarios.
私たちはボランティアです。

B

ン　　　ソモス　　　　プロフェシオナレス
No somos profesionales.
プロではありません。

ボルンタリオ
voluntario（ボランティア・単数形）→ voluntarios
（複数形）、profesional（プロの人・単数形）
→ profesionales（複数形）となっています。

Caso 2

A

ユミ　イ　ジョ　ソモス　　　アボガダス
Yumi y yo somos abogadas.
ユミと私は弁護士です。

女性ばかりの複数形は、女性形に -s を付けます。
【例】amigas（女友だち）、hermanas（姉妹）

B

デ　　　ベルダー
¿De verdad?
本当？

"¿De verdad?" は、「本当？」という意味で、相づち
としてもよく使われます（▶ P.47）。

テスト　正しいスペイン語になるように、A 〜 C の中から選んで入れましょう。

❶ Akihiro y yo somos (　　　　　)　　A：japonesas.

❷ Haruka y yo somos (　　　　　)　　B：japonesa.

❸ Yo soy (　　　　)　　　　　　　　C：japoneses.

<解答>❶：C　❷：A　❸：B

59

君たちは〜です

複数の相手について話をするときの言い方です。

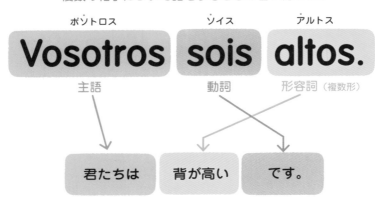

ポソトロス
Vosotros
主語

ソイス
sois
動詞

アルトス
altos.
形容詞（複数形）

君たちは　背が高い　です。

ちょっとだけ文法 ❶ [vosotros　君たち]

「君たちは〜です。」は "**Vosotros sois 〜** ." となります。女性だけの場合は、**vosotras** です。sois という動詞の活用から、主語が「君たち」であることは明らかなので、多くの場合で省略されます。

例
トゥ イ ワタル ソイス プリモス
Tú y Wataru sois primos.　君とワタルはいとこです。
ソイス インテルプレテス
¿Sois intérpretes?　君たちは通訳ですか？

ちょっとだけ文法 ❷ [形容詞の性・数]

スペイン語の形容詞は、修飾する名詞にしたがって、性・数によって語尾変化します。

例
フェデリコ エス アルト
Federico es alto.　フェデリコは背が高い。
アナ エス アルタ
Ana es alta.　アナは背が高い。
フェデリコ イ ジョ ソモス アルトス
Federico y yo somos altos.　フェデリコと私は背が高い。
トゥ イ アナ ソイス アルタス
Tú y Ana sois altas.　君（女性）とアナは背が高い。

こんな場面で使います

Caso **1**

A

¿Vosotras sois hermanas?

ポソトラス　　ソイス　　エルマナス

君たちは姉妹ですか？

B

No. Somos amigas. ¿Somos parecidas?

ノ　ソモス　アミガス　ソモス　パレシダス

いいえ。友だちです。私たち、似てますか？

姉妹（女性ばかり）なので、hermanas、amigasと名詞が女性形になっています。parecido/parecida（形容詞：似ている）も合わせて、女性形の複数形になります。

Caso **2**

A

Carlos es simpático.

カルロス　エス　シンパティコ

カルロスは感じがいい。

B

Tú también. Sois simpáticos.

ドゥ　タンビエン　ソイス　シンパティコス

君もだよ。君たちは感じがいいよ。

simpático は人物の性格を表す形容詞で、「感じがいい人だ、フレンドリーだ」といった意味です。

columna

車種名でよく使われているスペイン語

alto という単語を見て、軽乗用車の名前を思い出した人も多いのでは？　日本のクルマの名前には、スペイン語が使われているものが多くあります。古い車種もありますが、車種名のもとになったと思われる単語をいくつかあげておきますので、辞書で意味を調べてみてください。

● cima
シマ

● primera（原形：primero）
プリメラ　　　プリメロ

● vamos（原形：ir）
バモス　　　　イル

● familia
ファミリア

● serena（原形：sereno）
セレナ　　　　セレノ

彼らは・彼女らは・あなたたちは〜です

第三者や目上の人の場合の言い方です。

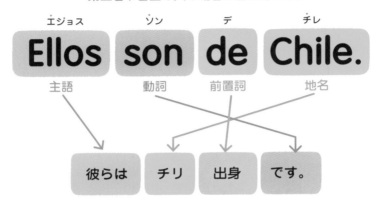

エジョス ソン デ チレ
Ellos son de Chile.

主語　　　動詞　　前置詞　　地名

彼らは　チリ　出身　です。

ちょっとだけ文法 ❶ ［ellos/ellas/ustedes　彼ら／彼女ら／あなたたち］

　「彼らは・彼女らは・あなたたちは〜です。」は、"Ellos/Ellas/Ustedes
son 〜."となります。

> **例** エジャス ソン グアパス
> **Ellas son guapas.** 　　　　　彼女たちは美しい。
> ウステデス ソン メディコス
> **¿Ustedes son médicos?** 　　あなたたちは医者なのですか？

　ここまで出てきた soy / eres / es / somos / sois / son は、**ser** という動詞
の活用形です。スペイン語の動詞は、主語によってそれぞれ6種類に変化し
ます（▶ P26）。

ちょっとだけ文法 ❷ ［前置詞de］

　de は、名詞の前において「〜から」や「〜の」を表します。
"ser de ○○" の場合は、○○のところに、国名や地名を入れて、「〜出身で
ある」ことを表すことができます。

> **例** ソイ デ アルヘンティナ
> **Soy de Argentina.** 　　　　　私はアルゼンチン出身です。
> フェデリコ エス デ マラガ
> **Federico es de Málaga.** 　　フェデリコはマラガ出身だ。
> ウステデス ソン デ ハポン
> **¿Ustedes son de Japón?** 　　あなたたちは日本出身ですか？

こんな場面で使います

Caso 1

A

_{アナ イ フアン ソン アミゴス}
¿Ana y Juan son amigos?

アナとフアンは友だちなの？

B

_{ノ エジョス シン ノビオス}
No. Ellos son novios.

違うよ。2人は恋人だよ。

novio は「彼氏」、novia は「彼女」、
novios は「恋人たち」つまり恋人
同士です。

Caso 2

A

_{ロヘリオ エス エスパニョル}
¿Rogelio es español?

ロヘリオはスペイン人ですか？

B

_{ノ ロヘリオ イ ハビエル シン デ メヒコ}
No. Rogelio y Javier son de México.

いいえ。ロヘリオとハビエルはメキシコ出身です。

_{ロヘリオ イ ハビエル ソン メヒカノス}
"Rogelio y Javier son mexicanos." と意味は同じです。

◉ 主な国名と国籍 ◉

国名（日本語）	国名（スペイン語）	国籍（男性形）	国籍（女性形）
ボリビア	Bolivia	boliviano	boliviana
コロンビア	Colombia	colombiano	colombiana
コスタリカ	Costa Rica	costarriqueño	costarriqueña
キューバ	Cuba	cubano	cubana
エクアドル	Ecuador	ecuatoriano	ecuatoriana
グアテマラ	Guatemala	guatemalteco	guatemalteca
ホンジュラス	Honduras	hondureño	hondureña
メキシコ	México	mexicano	mexicana
パナマ	Panamá	panameño	panameña
ペルー	Perú	peruano	peruana
パラグアイ	Paraguay	paraguayo	paraguaya
ウルグアイ	Uruguay	uruguayo	uruguaya
ベネズエラ	Venezuela	venezolano	venezolana

＊国名は大文字始まり、国籍は小文字始まりです。

～にいます

人のいる場所について言うときの表現です。

エスト̇イ　　　　エン　　　エル　　　　　　アエロプエルト

Estoy en el aeropuerto.

動詞　　　　　前置詞　　　　　（冠詞＋）名詞

私は、　空港　に　います。

ちょっとだけ文法 ❶ [動詞estarの活用]

「(人が) ～にいます」は、動詞 **estar** を使って表します。estar は、主語によって次のように活用します。

単数形		複数形	
yo	エストイ estoy	nosotros/nosotras (女性のみ)	エスタモス estamos
tú	エスタス estás	vosotros/vosotras (女性のみ)	エスタイス estáis
él / ella / usted	エスタ está	ellos / ellas / ustedes	エスタン están

ちょっとだけ文法 ❷ [前置詞en]

en は、名詞の前において、「～において」を表します。"エスタル エン
estar en ○○ " の ○○のところに、場所や地名を入れて、「～にいる」を表すことができます。

例
マリア エスタ エン ラ オフィシナ
María está en la oficina.　マリアは事務所にいます。
エスタス エン カサ
¿Estás en casa?　　　　君は家にいますか？
エジョス ノ エスタン エン マドリー エスタン エン トレド
Ellos no están en Madrid. Están en Toledo.
彼らはマドリードにはいません。トレドにいます。

Caso **1**

A
マルタ　エスタ　エン　ラ　ビブリオテカ
¿Marta está en la biblioteca?

マルタは図書館にいる？

B
ノ　エスタ　エン　ラ　カフェテリア
No. Está en la cafetería.

いや。カフェにいるよ。

biblioteca、cafetería、どちらも女性
名詞なので定冠詞 la が付きます。

Caso **2**

A
オラ　エストイ　エン　ラ
¡Hola! Estoy en la
プラサ　マジョル
Plaza Mayor.

こんにちは。私は今マヨール広場に
いるよ。

13:23

B
デ　ベルダー
¿De verdad?
ジョ　エストイ　エン　ソル
¡Yo estoy en Sol!

本当？　私はソルにいるよ！

13:25

Sol は Puerta del sol の愛称です。マ
ヨール広場とともに、マドリードの中
心にある若者の集まる場所です。

相手のスペイン語が早口すぎるときは

　早口のスペイン人が相手だと、会話の中では、en el は「エネル」と聞こえます。
estás en も「エスタセン」になりますし、están en は「エスタネン」となります。

　単語で覚えていると、わからなくなることもあるので、ゆっくり話してほし
いときは、Más despacio, por favor.「もっとゆっくり話してください」と
言いましょう。

65

～にあります

物などがある場所について言うときの表現のしかたです。

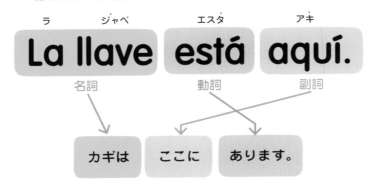

ラ　　　ジャベ　　　エスタ　　　アキ
La llave está aquí.
名詞　　　　　　動詞　　　　　　副詞

カギは　ここに　あります。

ちょっとだけ文法 ① [está/están]

　人だけでなく物や建物も、「～にあります」は、動詞 **estar** を使って表します。主語になるものが1つなら **está**、2つ以上なら **están** を使います。

例 El Museo del Prado está en Madrid.
プラド美術館はマドリードにあります。

Los diccionarios están en la estantería. 辞書は本棚にあります。
El ordenador no está en la oficina.
パソコンは事務所にはありません。
（「パソコンのない事務所」という意味ではなく、「事務所のパソコンは今は別のところにある」という意味です。）

ちょっとだけ文法 ② [副詞]

　「ここに」「あそこに」「近くに」などのことばと estar を組み合わせて、場所を表すことができます。場所を表す主な副詞は次のとおりです。

アキ aquí	アジ allí	アイ ahí	セルカ cerca	レホス lejos
ここに	あそこに	そこに	近くに	遠くに

例 La salida está allí.　　出口はあちらです。
¿El hotel está lejos?　　ホテルは遠いですか？
Las sillas no están aquí.　椅子はここにはありません。

こんな場面で使います

 Caso 1

A
¿La estación está cerca?
ラ　エスタシオン　エスタ　セルカ
駅は近いですか？

B
Sí. Está allí.
シ　エスタ　アジ
はい。あそこにあります。

特定の駅のことを言うのではなく、駅があるかどうかをたずねるときは、hay を使います（▶ P.68）。

Caso 2

A
Perdón, la carta por favor.
ペルドン　ラ　カルタ　ポル　ファボル
すみません、メニューをください。

B
Está aquí.
エスタ　アキ
ここにあります。

「メニュー」は el menú でも OK です。
エル　メヌ

● 建物などに関する単語 ●

エル　アエロプエルト		ラ　リブレリア	
el aeropuerto	空港	**la librería**	本屋
el supermercado	スーパー	**el mercado**	市場
la cafetería	カフェ	**la oficina de correos**	郵便局
el bar	バル	**la panadería**	パン屋
el hotel	ホテル	**la parada de autobús**	バス停
la iglesia	教会	**el restaurante**	レストラン

〜があります

人や物が単に「ある（いる）」ことを表す言い方です。

アイ　ウノス　リブロス　エン　ラ　メサ

名詞（複数形）　前置詞　名詞
動詞

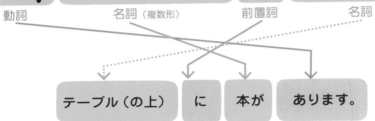

テーブル（の上）　に　本が　あります。

ちょっとだけ文法 ❶　[hay]

estar は、特定の人や物の場所を表しますが、単に人・物が「ある（いる）」ことを表すときには、**hay** を使います。

例 **Hay un chico en la calle.**
アイ ウン チコ エン ラ カジェ
男の子が1人、通りにいます。

Hay una carta en el buzón.
アイ ウナ カルタ エン エル ブソン
ポストに手紙が1通入っています。
（「届くはずだった手紙」ではなく、「だれからのものかわからない手紙」というニュアンスになります。）

ちょっとだけ文法 ❷　[単数でも複数でも変化しないhay]

hay は動詞 **haber**（アベル）の変化した形ですが、「〜がある」を表す場合は特別で、人や物が単数でも複数でも、同じ hay の形になります。

例 **No hay librería cerca de aquí.**
ノ アイ リブレリア セルカ デ アキ
この近くに本屋はありません。

Hay muchas tiendas cerca de Santa Ana.
アイ ムチャス ティエンダス セルカ デ サンタ アナ
サンタ・アナの近くにはたくさんのお店があります。

こんな場面で使います

Caso 1

A
アイ　　ムチョス　　　　　　　パトリモニオス
Hay muchos patrimonios
クルトゥラレス　　エン　　　　グラナダ
culturales en Granada.

グラナダにはたくさんの文化遺産があります。

B
シ　アイ　　ムチョス　エン　セビジャ　　タンビエン
Sí. Hay muchos en Sevilla también.

そうですね。セビーリャにもたくさんあります。

muchos の後に、patrimonios
culturales が省略されています。

Caso 2

A
アイ　ウナ　　バラダ　デ　アウトブス　セルカ　デ　アキ
¿Hay una parada de autobús cerca de aquí?

この近くにバス停はありますか？

B
プエス　エスタ　レホス　エスタ　セルカ　デル　　メルカド
Pues, está lejos. Está cerca del mercado.

うーん、遠いよ。市場の近くだよ。

A さんはあるかどうかわからないバス停についてたずねて
いるので hay ですが、B さんは知っている特定のバス停
について答えているので、está を使っています。

テスト　　**日本語に合うように、A ～ C の中から選んで入れましょう。**

❶ その通りにバルはありますか？

¿Hay un bar (　　　　　) la calle?

❷ この近くにホテルはありません。

No hay hoteles (　　　　) de aquí.

A : hay

❸ 事務所には日本人男性が 1 人います。

En la oficina (　　　　) un japonés.

B : cerca

C : en

<解答>❶：C　❷：B　❸：A

69

どこにいますか・どこにありますか？

場所をたずねるときの表現のしかたです。

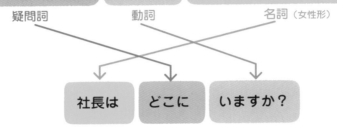

ドンデ　　　　　エスタ　　　ラ　　　　　ディレクトラ

¿Dónde está la directora?

疑問詞　　　　　　動詞　　　　　　名詞（女性形）

| 社長は | どこに | いますか？ |

ちょっとだけ文法 ①　[dónde＋動詞estar]

　物の場所をたずねる疑問詞は **dónde** です。この dónde と動詞 **estar** を組み合わせると、「〜はどこにありますか？」を表す文章を作ることができます。たずねるときの dónde には、アクセント記号を忘れずに付けましょう。

例
ドンデ　　エスタ　エル　オルデナドル
¿Dónde está el ordenador?　パソコンはどこですか？

ドンデ　　エスタン　ラス　シジャス
¿Dónde están las sillas?　椅子（複数形）はどこですか？

ちょっとだけ文法 ②　[人のいる場所をたずねる]

　人のいる場所をたずねる場合も同じように表現できます。64 ページの活用を復習しましょう。主語を言う場合は、動詞の後に続けるのが自然です。

例
ドンデ　エスタス　トゥ
¿Dónde estás tú?

（電話で）君はどこにいるの？

ドンデ　エスタン　アナ　イ　フアン
¿Dónde están Ana y Juan?

アナとフアンはどこにいますか？

ドンデ　エスタモス
¿Dónde estamos?

私たちはどこにいるのかしら。（道に迷ってしまったときの表現。）

Caso **1**

A

ドンデ　エスタ　ラモン
¿Dónde está Ramón?

ラモンはどこ？

B

エスタ　エン　ラ　プラジャ
Está en la playa.

ビーチにいるよ。

playa は「浜辺」です。女性名詞なので
定冠詞 la が付きます。

Caso **2**

A

ペルドン　　　　ドンデ　エスタ　ラ
Perdón, ¿dónde está la
タキジャ
taquilla?

すみません、チケット売り場はどこですか？

B

ロ　シエント　ソイ　ビアヘラ　タンビエン
Lo siento. Soy viajera también.

ごめんなさい。私も旅行者なんです。

también は「〜もまた」を表します。

columna

相手の出身をたずねる

　62 ページで学習した「出身を表す表現」ser de 〜と dónde を組み合わせ
れば、相手の出身をたずねることができます。

デ　ドンデ　エレス
● **¿De dónde eres?**　　　　　　君はどこの出身ですか？

デ　ドンデ　エス　カルメン
● **¿De dónde es Carmen?**　　カルメンはどこの出身ですか？

デ　ドンデ　ソイス
● **¿De dónde sois?**　　　　　　君たちはどこの出身ですか？

〜へ行きます

どこかに行くことを表す動詞を学びます。

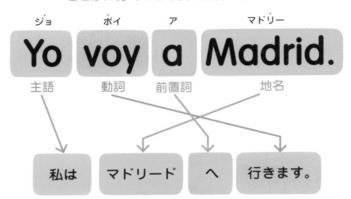

ちょっとだけ**文法** ❶ ［動詞irの活用］

「〜へ行きます」は、動詞 ir を使って表します。ir は、主語によって、次のように活用します。もとの形とは似ても似つかぬ活用ですが、主語とセットにして覚えましょう。

単数形		複数形	
yo	ボイ **voy**	nosotros/nosotras（女性のみ）	バモス **vamos**
tú	バス **vas**	vosotros/vosotras（女性のみ）	バイス **vais**
él / ella / usted	バ **va**	ellos / ellas / ustedes	バン **van**

ちょっとだけ**文法** ❷ ［前置詞a］

「〜へ」は、前置詞 a を使って表します。定冠詞の el とくっつくと al になります。

例 ロス アルムノス バン ア ラ エスクエラ
Los alumnos van a la escuela. 生徒たちは学校へ行きます。
バス ア ラ ベルケリア
¿Vas a la peluquería? 君は床屋へ行くの？
ルイス バ アル アジュンタミエント
Luis va al ayuntamiento. ルイスは市役所に行きます。

Caso **1**

A

ジョ　ボイ　アル　カンプ　ノウ
Yo voy al Camp Nou.

僕はカンプ・ノウに行くよ。

B

ケ　ビエン
¡Qué bien!

いいね！

Camp Nou（カンプ・ノウ）は、バルセロナにあるサッカー専用のスタジアム。カタルーニャ語で「新しいスタジアム」という意味。

Caso **2**

A

バス　ア　ラ　カフェテリア
¿Vas a la cafetería?

カフェに行くの？

B

シ　バモス　フントス
Sí. ¿Vamos juntos?

そうだよ。一緒に行く？

juntos は「一緒に」を意味する副詞です。（▶ P.98）

◎ マドリードの観光地 ◎

プラド美術館	ムセオ　デル　プラド Museo del Prado
ソフィア王妃芸術センター	ムセオ　ナシオナル　セントロ　デ　アルテ　レイナ　ソフィア Museo Nacional Centro de Arte Reina Sofia
マドリード王宮	パラシオ　レアル　デ　マドリー Palacio Real de Madrid
マヨール広場	プラサ　マジョル Plaza Mayor
サン・イシドロ教会	サンタ　イグレシア　デ　サン　イシドロ Santa Iglesia de San Isidro
プエルタ・デル・ソル	プエルタ　デル　ソル Puerta del Sol
サンティアゴ・ベルナベウ・スタジアム	エスタディオ　サンティアゴ　ベルナベウ Estadio Santiago Bernabéu
スペイン広場	プラサ　デ　エスパニャ Plaza de España
レティーロ公園	パルケ　デル　レティロ Parque del Retiro
サン・ミゲル市場	メルカド　デ　サン　ミゲル Mercado de San Miguel

どこへ行きますか？

行き先をたずねるときの表現のしかたです。

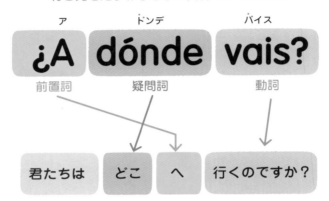

ア　　　　　ドンデ　　　　　バイス
¿A dónde vais?
前置詞　　　疑問詞　　　　動詞

君たちは　どこ　へ　行くのですか？

ちょっとだけ文法 ❶　　[前置詞a＋疑問詞dónde]

　場所をたずねる疑問詞の **dónde** と、「～へ」を表す前置詞 **a** を組み合わせて、「どこへ」をたずねることができます。（Adónde と表記することもよくあります。）

例　ア　ドンデ　バ　ウステー
　¿A dónde va usted?
　あなたはどちらへ行かれるのですか？
　ア　ドンデ　バン　アナ　イ　フアン
　¿A dónde van Ana y Juan?
　アナとフアンはどこへ行くの？

ちょっとだけ文法 ❷　　[aをつけて答える]

　答えるときは、**a** をつけて答えます。場所や地名だけを答えるより、ぐっとスペイン語らしくなります。動詞まで言うことができれば完璧です。

例　ア　ドンデ　バ　ウステー
　¿A dónde va usted?
　ア　ラ　オフィシナ　デ　トゥリスモ
　➡ **A la oficina de turismo.**　　観光案内所です。
　ア　ドンデ　バン　アナ　イ　フアン
　¿A dónde van Ana y Juan?
　バン　アル　バルケ　グエル
　➡ **(Van) Al Parque Güell.**　　グエル公園へ（行きます）。

こんな場面で使います

Caso 1

A

¿A dónde vas?
ア　ドンデ　バス

どこへ行くの？

B

Voy a correos.
ボイ　ア　コレオス

郵便局だよ。

correos は「郵便局」のことを表します。
oficina de correos とも言います。
オフィシナ　デ　コレオス

Caso 2

A

Ana y Juan están en el aeropuerto.
アナ　イ　フアン　エスタン　エン　エル　アエロプエルト

アナとフアンは空港にいるよ。

B

¿A dónde van?
ア　ドンデ　バン

どこへ行くの？

A

A México.
ア　メヒコ

メキシコだよ。

columna

「カタコト」ではない表現のしかた

　「旅行はどちらに行かれるのですか？」「スペインです。」は自然に聞こえます。
でも、「旅行はどちらに行かれるのですか？」「スペイン。」だと、意味は通じ
ますが、ぶっきらぼうで失礼な感じがしますよね。
　同じようにスペイン語でも、「カタコトではない言い方」があります。「どこ
へ行くのか？」と聞かれたら、場所や地名だけでなく a をつけて答えましょう。

［存在・場所］のまとめ

ちょっとだけ文法 ❶

Lección7 から Lección12 で見たように、スペイン語には２種類の「ある」
があります。

[Hay]

特定できないものの「存在」や「有無」を表します。次にいくつかの例をあ
げてみます。

例

_{アイ ウン レスタウランテ ヌエボ セルカ デ ミ カサ}
Hay un restaurante nuevo cerca de mi casa.

私の家の近くに新しいレストランがあります。

（家の近くにあるレストランの存在を伝えています。）

_{アイ ドス ムセオス エン ミ シウダー}
Hay dos museos en mi ciudad.

私の町には美術館が２つあります。

（町に美術館が２つあるということだけを伝えています。）

_{ドンデ アイ ウナ ファルマシア}
¿Dónde hay una farmacia?

薬局はどこにありますか？

（薬局があるかどうかを含めて、場所を聞いています。）

[Estar]

何か特定のものの「場所」を表します。次にいくつかの例をあげてみます。

例

_{エル レスタウランテ ヌエボ エスタ セルカ デ ミ カサ}
El restaurante nuevo está cerca de mi casa.

その新しいレストランは、私の家の近くにあります。

（すでに聞き手との間でレストランが話題になっていて、その場所を伝えています。）

_{ロス ドス ムセオス エスタン エン ミ シウダー}
Los dos museos están en mi ciudad.

その２つの美術館は私の町にあります。

（すでに特定できている２つの美術館について、その場所を伝えています。）

_{ドンデ エスタ ラ ファルマシア}
¿Dónde está la farmacia?

その薬局はどこにありますか？

（薬局があることを知っていて、その場所をたずねています。）

テスト

場所を表す表現と組み合わせて、イラストについての文章を下の **例** を参考にいろいろ作ってみましょう。

例
Hay un gato en la sala.　　　　部屋には 1 匹の猫がいます。
El gato está sobre la silla.　　　その猫はイスの上にいます。
Hay una basura en la sala.　　　部屋にはゴミ箱が 1 つあります。
La basura está cerca de la puerta.　そのゴミ箱はドアの近くにあります。

ヒント

ヒント A

una/la puerta	ドア
una/la basura	ゴミ箱
un/el reloj	時計
unos/los libros	本
una/la estantería	本棚
una/la ventana	窓
un/el florero	花瓶
una/la mesa	テーブル
unas/las sillas	イス
una/la maceta	植木鉢
unas/las tazas	カップ
un/el plato	皿
unas/las galletas	ビスケット

ヒント B（場所を表す表現）

en ...	～に
sobre ...	～の上に（乗っている状態）
cerca de ...	～の近くに
al lado de	～の隣に
encima de ...	～の上に（上方にある状態）
en el centro de ...	～の真ん中に
debajo de ...	～の下に
delante de ...	～の前に
entre ... y ...	～と～の間に

～という状態です

物や人の状態を表すときの表現のしかたです。

ミス　　　　パドレス　　　　エスタン　　　　エンファダドス

Mis padres están enfadados.

所有語　　　　名詞　　　　動詞　　　　形容詞

| 私の | 両親は | 怒って | います。 |

ちょっとだけ文法 ❶　［物・人の一時的な状態を表す］

動詞 **estar**（エスタル）を使って、物や人の一時的な状態を表すことができます。

例　**La sopa está caliente.**
　　ラ　ソパ　エスタ　カリエンテ

スープは熱い。（今は熱くても、しばらくしたら冷めます。）

Luis no está bien hoy.　　今日、ルイスは調子が悪いのです。
ルイス　ノ　エスタ　ビエン　オイ

ちょっとだけ文法 ❷　［所有形容詞］

「私の～」「君の～」など、「だれだれの」を表すことばを所有形容詞と言います。
名詞の前に置く所有形容詞は次のとおりです。名詞の性と数によって変化します。

所有する人	名詞が単数の場合		名詞が複数の場合	
私の	mi（ミ）		mis（ミス）	
君の	tu（トゥ）		tus（トゥス）	
彼の／彼女の／あなたの	su（ス）		sus（スス）	
私たちの	nuestro（ヌエストロ）男	nuestra（ヌエストラ）女	nuestros（ヌエストロス）男	nuestras（ヌエストラス）女
君たちの	vuestro（ブエストロ）男	vuestra（ブエストラ）女	vuestros（ブエストロス）男	vuestras（ブエストラス）女
彼らの／彼女らの／あなた方の	su（ス）		sus（スス）	

例　**Mis hermanos están nerviosos.**　　弟たちは緊張している。
　　ミス　エルマノス　エスタン　ネルビオソス

¿Tu novia está enferma?　　君の彼女は病気なのかい？
トゥ　ノビア　エスタ　エンフェルマ

Caso **1**

A
オラ　ソイ　アナ　エスタ　フェルナンド
Hola, soy Ana. ¿Está Fernando?
こんにちは、アナです。フェルナンドはいますか？

B
シ　ペロ エスタ エン ラ　カマ　エスタ　レスフリアド
Sí, pero está en la cama. Está resfriado.
ええ、でも寝てるわ。風邪をひいているの。

Aさんの está と、Bさんの最初の está は、
場所を表す estar です（▶ P.64）。
最後の está が、状態を表します。
pero は「しかし」です。

Caso **2**

A
エストイ　　　　アブリダ
Estoy aburrida.
退屈だわ。

B
ジョ　タンビエン　　　テンゴ　スエニョ
Yo también. Tengo sueño.
同じく。眠たい。

テネル　スエニョ
tener sueño ＝眠いです（▶ P.82）。

---

columna

ser と estar の使い分け

ser は変わらない性質を表し、estar は一時的な状態を表します。

ser	estar
ラモン　エス　アブリド **Ramón es aburrido.** ラモンは退屈な男だ。	ラモン　エスタ　アブリド **Ramón está aburrido.** ラモンは退屈している。
ミカエラ　エス　ネルビオサ **Michaela es nerviosa.** ミカエラは神経質だ。	ミカエラ　エスタ　ネルビオサ **Michaela está nerviosa.** ミカエラは緊張している。
ナナ　エス　グアパ **Nana es guapa.** ナナは美人だ。	ナナ　エスタ　グアパ **Nana está guapa.** ナナはめかし込んでいる。

〜を持っています

所有について表すときの言い方です。

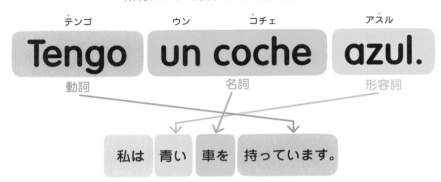

テンゴ	ウン　コチェ	アスル
Tengo	**un coche**	**azul.**
動詞	名詞	形容詞

| 私は | 青い | 車を | 持っています。 |

ちょっとだけ文法 ❶ ［動詞tenerの活用］

「〜を持っています」を表すには、動詞 **tener** テネル を使います。tener は、次のように活用します。

単数形		複数形	
yo	テンゴ **tengo**	nosotros/nosotras（女性のみ）	テネモス **tenemos**
tú	ティエネス **tienes**	vosotros/vosotras（女性のみ）	テネイス **tenéis**
él / ella / usted	ティエネ **tiene**	ellos / ellas / ustedes	ティエネン **tienen**

例　¿No tenéis dinero?　君たち、お金がないんですか？
ロス　プロフェソレス　ティエネン　ムチョス　リブロス
Los profesores tienen muchos libros.
先生たちはたくさんの本を持っています。

ちょっとだけ文法 ❷ ［名詞を修飾する形容詞］

スペイン語では、名詞を修飾することば（形容詞）は、多くの場合、名詞の後に置きます。名詞の性と数に応じて語尾が変化します。

例　テンゴ　ウノス　プラトス　エスパニョレス
Tengo unos platos españoles.
私は何枚かスペインのお皿を持っています。
ティエネス　ディクシオナリオ　エレクトロニコ
¿Tienes diccionario electrónico?　君は電子辞書を持っていますか？
エル　ピントル　ノ　ティエネ　ウナ　チャケタ　アデクアダ
El pintor no tiene una chaqueta adecuada.
その画家は適当な上着を持っていない。

Caso 1

A

ティエネス　ウン　ラピス
¿Tienes un lápiz?

鉛筆持ってる？

B

ペルドン　オイ　ノ　テンゴ
Perdón, hoy no tengo.

ごめん、今日は持ってないや。

「〜を持っていますか？」は、文脈によっては、「持っていたら貸してほしい」という意味になります。日本語と同じです。

Caso 2

A

アキ　テネモス　ウン　ドクメント
Aquí tenemos un documento
インポルタンテ
importante.

ここに重要な書類がある。

B

シ　ティエネ　ムチョス　セジョス　オフィシアレス
Sí, tiene muchos sellos oficiales.

はい、公的なハンコがたくさん押してありますね。

columna

年齢を表すには

　スペイン語では、年齢も tener を使って表します。次にいくつかの例をあげてみます。

● テンゴ　ベインティオチョ　アニョス
Tengo veintiocho años.　私は28歳です。

● カルメン　イ　ラモン　ティエネン　クアレンタ　アニョス
Carmen y Ramón tienen cuarenta años.
カルメンとラモンは40歳です。

● クアントス　アニョス　ティエネス
¿Cuántos años tienes?
君は何歳ですか？（cuántos は「いくつ」を表す疑問詞です。▶ P.110）

～がいます（家族など）

人間関係を表すときなどに使える表現のしかたです。

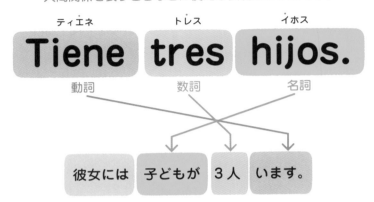

ティエネ　　　　トレス　　　　イホス

Tiene tres hijos.

動詞　　　　　数詞　　　　　名詞

彼女には　子どもが　3人　います。

ちょっとだけ文法 ❶　[人間関係を表す]

家族や恋人など、人間関係を表すときも動詞 **tener** を使います。

> テネモス　ドス　ティオス　イ　ウナ　ティア
> **例** **Tenemos dos tíos y una tía.**
>
> 僕たちには2人のおじと1人のおばがいます。
>
> ノ　ティエネン　プリモス
> **¿No tienen primos?**　　　　彼らにはいとこがいないのですか？
>
> アオラ　ルイス　ノ　ティエネ　ノビア
> **Ahora Luis no tiene novia.**　今ルイスには彼女はいません。

ちょっとだけ文法 ❷　[身体的・精神的な状態を表す]

その他、tener を使って身体的、精神的な状態を表す言い方は数多くあります。

> テンゴ　アンブレ
> **例** **Tengo hambre.**
>
> 私はおなかがすいている。（tener hambre ＝空腹である）
>
> ノ　ティエネス　フィエブレ
> **¿No tienes fiebre?**
>
> 君は熱はないのか？（tener fiebre ＝熱がある）
>
> テネイス　スエニョ
> **Tenéis sueño.**
>
> 君たち、眠いでしょう。（tener sueño ＝眠い）
>
> ウステデス　ノ　ティエネン　ミエド
> **Ustedes no tienen miedo.**
>
> あなた方は怖がらないのですね。（tener miedo ＝怖がる）

Caso 1

A

クアントス　　エルマノス　　ティエネス
¿Cuántos hermanos tienes?

兄弟は何人いますか？

B

テンゴ　　ドス　　エルマナス
Tengo dos hermanas.

姉妹が2人います。

A さんは一般的に（男女を問わない）hermanos を使っていますが、B さんには男兄弟はいないので hermanas になっています。

Caso 2

A

テンゴ　　ムチョ　　カロル
Tengo mucho calor.

ものすごく暑いね。

B

ティエネス　　ラソン　　ノ　　アイ　　アイレ
Tienes razón. No hay aire

アコンディシオナド　　アキ
acondicionado aquí.

そうだね。ここには冷房がないんだ。

テネル　カロル　　　　　　　　　　テネル　フリオ
tener calor ＝暑い（tener frío ＝寒い）、
テネル　　ラソン
tener razón ＝（言っていることが）正しい

◉ 30までの数字 ◉

1	uno	ウノ	11	once	オンセ	21	veintiuno	ベインティウノ
2	dos	ドス	12	doce	ドセ	22	veintidós	ベインティドス
3	tres	トレス	13	trece	トレセ	23	veintitrés	ベインティトレス
4	cuatro	クアトロ	14	catorce	カトルセ	24	veinticuatro	ベインティクアトロ
5	cinco	シンコ	15	quince	キンセ	25	veinticinco	ベインティシンコ
6	seis	セイス	16	dieciséis	ディエシセイス	26	veintiséis	ベインティセイス
7	siete	シエテ	17	diecisiete	ディエシシエテ	27	veintisiete	ベインティシエテ
8	ocho	オチョ	18	dieciocho	ディエシオチョ	28	veintiocho	ベインティオチョ
9	nueve	ヌエベ	19	diecinueve	ディエシヌエベ	29	veintinueve	ベインティヌエベ
10	diez	ディエス	20	veinte	ベインテ	30	treinta	トレインタ

〜を話します

「話す」という動詞を使って、規則活用について学びます。

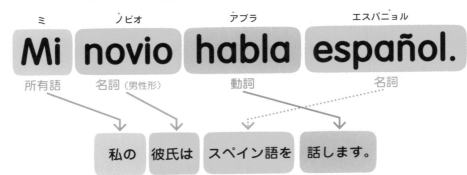

ミ	ノビオ	アブラ	エスパニョル
Mi	**novio**	**habla**	**español.**
所有語	名詞（男性形）	動詞	名詞

| 私の | 彼氏は | スペイン語を | 話します。 |

ちょっとだけ文法 ❶　[動詞hablerの活用]

動詞 **hablar**（アブラル）は「話す」という意味で、次のように規則的に活用します。

単数形		複数形	
yo	hablo（アブロ）	nosotros/nosotras（女性のみ）	hablamos（アブラモス）
tú	hablas（アブラス）	vosotros/vosotras（女性のみ）	habláis（アブライス）
él / ella / usted	habla（アブラ）	ellos / ellas / ustedes	hablan（アブラン）

例
Yo hablo japonés.（ジョ アブロ ハポネス）　私は日本語を話します。
¿Usted habla inglés?（ウステー アブラ イングレス）　あなたは英語を話しますか？
Mis profesores hablan francés.（ミス プロフェソレス アブラン フランセス）　私の先生方はフランス語を話します。

ちょっとだけ文法 ❷　[hablar en / hablar de / hablar con]

hablar en（アブラル エン）〜で「〜語で話す」、**hablar de**（アブラル デ）〜で「〜について話す」、**hablar con**（アブラル コン）〜で「〜と話す」という意味になります。

例
Mi abuela a veces habla en catalán.（ミ アブエラ ア ベセス アブラ エン カタラン）
私の祖母はときどきカタルーニャ語で話します。
Hablamos de nuestro viaje con Manuel.（アブラモス デ ヌエストロ ビアヘ コン マヌエル）
私たちの旅行についてマヌエルと話す。
Mis secretarias no hablan en japonés conmigo.（ミス セクレタリアス ノ アブラン エン ハポネス コンミゴ）
私の秘書たちは、私とは日本語で話さない。

こんな場面で使います

Caso 1

A
ロ　シエント　　ノ　　アブロ　　ハポネス
Lo siento. No hablo japonés.
ごめんなさい。日本語は話せないのです。

B
エントンセス　　アブラス　　イングレス
Entonces, ¿hablas inglés?
では、英語は話せますか？

japonés は「日本語」、inglés は「英語」
です。言語名も小文字始まりです。

Caso 2

A
シエンプレ　　カルロス　　アブラ　　タン　　ラピド
¿Siempre Carlos habla tan rápido?
カルロスはいつもこんなに速くしゃべるの？

siempre は「いつも」を表します
tan は「こんなに」、rápido が「速く」です。

B
ノ　　オイ　　エスタ　　ネルビオソ
No. Hoy está nervioso.
いいえ。今日は緊張してるのよ。

◉ 主な言語名 ◉

アレマン **alemán**	ドイツ語	イタリアノ **italiano**	イタリア語
アラベ **árabe**	アラビア語	ハポネス **japonés**	日本語
チノ **chino**	中国語	コレアノ **coreano**	韓国語
フランセス **francés**	フランス語	ポルトゥゲス **portugués**	ポルトガル語
イングレス **inglés**	英語	ルソ **ruso**	ロシア語

〜を食べます

「食べる」という動詞を使って、別の規則活用を学びます。

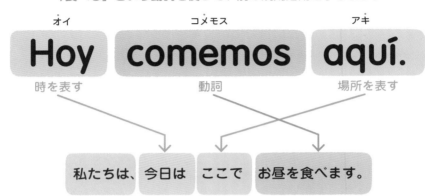

オイ
Hoy comemos aquí.
コメモス
アキ

時を表す 動詞 場所を表す

私たちは、 今日は ここで お昼を食べます。

ちょっとだけ文法 ① [動詞comerの活用]

動詞 **comer** は「食べる」という意味です。comer だけで使うと、「昼食をとる」という意味になります。comer は、次のように活用します。

単数形		複数形	
yo	コモ como	nosotros/nosotras (女性のみ)	コメモス comemos
tú	コメス comes	vosotros/vosotras (女性のみ)	コメイス coméis
él / ella / usted	コメ come	ellos / ellas / ustedes	コメン comen

例
ロス ハポネセス コメン アロス
Los japoneses comen arroz. 日本人は米を食べます。
コメス ラ パエジャ
¿Comes la paella? 君はパエリアを食べますか？
ミス エルマノス ノ コメン ムチョ
Mis hermanos no comen mucho. 私の弟たちはあまり食べません。

ちょっとだけ文法 ② [時を表す表現]

スペイン語の文では、時を表すことばを入れる位置は比較的自由です。下のようなことばを覚えておくと便利です。

オイ hoy	今日	エスタ ノチェ esta noche	今夜
アジェル ayer	昨日	アンテアジェル anteayer	一昨日
マニャナ mañana	明日	パサド マニャナ pasado mañana	明後日

こんな場面で使います

Caso 1

A
¿Dónde comes hoy?
ドンデ　コメス　オイ
今日、君はどこでランチするの？

B
Como en un restaurante italiano.
コモ　エン　ウン　レスタウランテ　イタリアノ
イタリアンレストランに行くわ。

A さんも B さんも主語を言っていませんが、動詞の活用でだれのことを話しているかがわかります。

Caso 2

A
Mi novio no come mucho estos días.
ミ　ノビオ　ノ　コメ　ムチョ　エストス　ディアス
彼氏が最近あまり食べないの。

estos días は「このごろ」を意味します。estos は「これらの」という意味です（▶ P.94）。

B
¿De verdad? ¿Está enfermo?
デ　ベルダー　エスタ　エンフェルモ
本当？　病気なの？

 columna

1日で最も大切な昼食

　スペインでは1日のうちで昼食がもっとも大切な食事です。午後の1時くらいから、2時間ほどしっかり時間をとって食べます。バルやカフェの Menú del día と呼ばれる定食メニューでは、前菜（primer plato=1皿目）とメインディッシュ（segundo plato=2皿目）に、飲み物が付きます。食後にコーヒーかデザートが付く場合もあります。

〜に住んでいます

「住む」という動詞を使って、３つめの活用を学びます。

ミス　　　アブエロス　　　ビベン　　エン　　　バルセロナ
Mis abuelos viven en Barcelona.

所有語　　　　名詞　　　　　動詞　　前置詞　　　　　地名

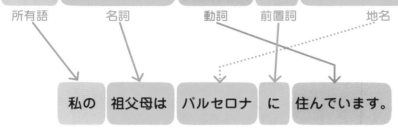

私の　祖父母は　バルセロナ　に　住んでいます。

ちょっとだけ文法 ❶　　[動詞vivir の活用]

　動詞 **vivir** は「住む」という意味で、次のように活用します。64 ページの
場所を表す **en** と組み合わせて、どこに住んでいるかを表すことができます。

単数形		複数形	
yo	ビボ **vivo**	nosotros/nosotras (女性のみ)	ビビモス **vivimos**
tú	ビベス **vives**	vosotros/vosotras (女性のみ)	ビビス **vivís**
él / ella / usted	ビベ **vive**	ellos / ellas / ustedes	ビベン **viven**

例
ロス　　アルムノス　　ビベン　エン エル　　ドルミトリオ
Los alumnos viven en el dormitorio.　生徒たちは寮に住んでいます。
ビビモス　エン　コベ
Vivimos en Kobe.　　　　　　　　　私たちは神戸に住んでいます。
ビベス　　エン　エスタドスウニドス
¿Vives en EE.UU.?　　　　　　　　　君はアメリカに住んでいるのですか？

ちょっとだけ文法 ❷　　[-ar動詞、-er動詞、-ir動詞]

　スペイン語の動詞は、語尾によって３種類に分けられます。**-ar 動詞**、**-er 動詞**、
-ir 動詞です（▶ P.26）。活用のしかたはさまざまですが、もとの形は必ずこの３
種類のどれかです。これまで出てきた動詞を見てみましょう。

[-ar 動詞]　**estar, hablar**
[-er 動詞]　**ser, haber, tener, comer**
[-ir 動詞]　**vivir**

Caso **1**

A

ドンデ　　ビベン　トゥス　　パドレス
¿Dónde viven tus padres?
君の両親はどこに住んでるの？

padres は padre（父親）の複数形です
が、ここでは「両親」の意味です。

B

ビベン　　エン　　マラガ
Viven en Málaga.
マラガに住んでいるよ。

Caso **2**

A

ミ　　ヘフェ　ビベ　　ムイ　　セルカ　　デ　ラ
Mi jefe vive muy cerca de la
オフィシナ
oficina.
僕の上司は事務所のすぐ近くに住んでいるんだ。

B

プエス　　エル　エス　　ディリヘンテ
Pues, él es diligente.
へえ、勤勉なんだね。

"Pues,"は、少し驚きの気持ちがあるときに言います。

columna

スペインの都市

　スペインの都市と言えば、すぐに思い浮かぶのがマドリードとバルセロナで
しょう。では、人口が３番目に多い都市はどこだか知っていますか。
　答えは火祭りで有名なバレンシアです。東部のバレンシア湾に面した町で、
その名のついたバレンシア・オレンジはもちろん、この地方で生まれたパエリ
ヤも有名です。人口第４位はアンダルシアのセビーリャ、第５位は内陸の都市、
サラゴサです。

～をください

「～が欲しい」のように願望を表す言い方です。

ジョ	キエロ	ウナ	カニャ
Yo	quiero	una caña.
主語	動詞	名詞

（私は） 生ビールを1杯 ください（欲しい）。

ちょっとだけ文法 ❶ [動詞quererの活用]

動詞 **querer** は「～が欲しい、～したい」という意味です。querer は、次のように活用します。

単数形		複数形	
yo	キエロ quiero	nosotros/nosotras（女性のみ）	ケレモス queremos
tú	キエレス quieres	vosotros/vosotras（女性のみ）	ケレイス queréis
él / ella / usted	キエレ quiere	ellos / ellas / ustedes	キエレン quieren

---

ちょっとだけ文法 ❷ [「～をください」を表す]

querer の後に欲しいものを置けば、「～が欲しい＝～をください」という意味になります。

例 **Quiero un café.** コーヒーをください。
　キエロ　ウン　カフェ

Queremos una botella de vino tinto.
ケレモス　ウナ　ボテジャ　デ　ビノ　ティント

（私たちに）赤ワインをボトルでください。

¿No quiere el bolso? 袋はご不要ですか？
　ノ　キエレ　エル　ボルソ

Caso 1

A

キエレ ウステー カフェ オ テ
¿Quiere usted café o té?

コーヒーか紅茶はいかがですか？

o は「〜かあるいは」を表します。お茶
を表す té にはアクセントを忘れずに。

B

キエロ テ
Quiero té.

紅茶をお願いします。

Caso 2

A

ノ キエレン マス
¿No quieren más?

おかわりはいかがですか？

B

ノ グラシアス エスタモス ジェノス
No, gracias. Estamos llenos.

いいえ、けっこうです。おなかがいっぱいです。

más は「もっと、さらに」です。lleno は満ちた
状態を表す形容詞です。

columna

「君が欲しい」＝「愛してる」

　quererは「〜が欲しい」という意味ですが、「愛する、好きだ」という意味もあります。スペイン語の"I love you."は、"Yo te quiero."で、teは「君を」、quieroはquererの活用なのです。Yoは省略してもOKです。「君が欲しい」とは、何とも直接的な表現に聞こえますが、母親が子どもに「愛してるわ」と言う場合などにも使うので、純粋に「愛している」という意味なのです。ご安心を。

これは何ですか？

わからないものをたずねるときの表現のしかたです。

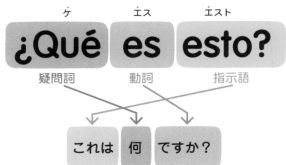

ケ　　　エス　　　エスト

¿Qué es esto?

疑問詞　　　動詞　　　指示語

これは　何　ですか？

ちょっとだけ文法 ❶　　[「何？」をたずねる]

「何？」をたずねる疑問詞は qué です。たずねるときの qué には、アクセント記号を忘れずに。

例
　¿Qué busca usted?　　　何をお探しですか？
　ケ　　ブスカ　ウステー

　¿Qué coméis esta noche?　　今晩君たちは何を食べますか？
　ケ　コメイス　エスタ　ノチェ

ちょっとだけ文法 ❷　　[指示代名詞]

「これ」「それ」「あれ」のように、何かを指し示すことばを指示語と言います。指し示すものの名前がわからない場合、つまり、男性名詞か女性名詞かわからない場合には、次の指示語を使います（中性の指示代名詞）。

エスト esto	これ（中性）	エソ eso	それ（中性）	アケジョ aquello	あれ（中性）

例
　¿Qué es eso?　　それは何ですか？
　ケ　エス　エソ

　¿Cómo se llama esto en español?　　これはスペイン語で何という名前ですか？
　コモ　セ　ジャマ　エスト　エン　エスパニョル

※指し示すものが男性名詞か女性名詞かがわかっていれば、次のように形が変化します。

	男性名詞		女性名詞	
これ／これら	エステ este	エストス estos	エスタ esta	エスタス estas
それ／それら	エセ ese	エソス esos	エサ esa	エサス esas
あれ／あれら	アケル aquel	アケジョス aquellos	アケジャ aquella	アケジャス aquellas

Caso **1**

A
ケ　エス　エスト
¿Qué es esto?

これは何ですか？

B
エス　ガスパチョ　エス　ウナ　ソパ　デ　ベラノ
Es gazpacho. Es una sopa de verano.

ガスパチョです。夏のスープですよ。

sopa は「スープ」、verano は「夏」です。

Caso **2**

A
ジョ　キエロ　ウナ　ファルダ　キエロ　エスタ
Yo quiero una falda. Quiero esta.

私、スカートが欲しいの。これが欲しいわ。

B
ム　　アケジャ　エス　ボニタ　タンビエン
Mmm... Aquella es bonita también.

うーん、あれもかわいいよ。

falda が「スカート」で、女性名詞なので、「これ」が esta、「あれ」が aquella になります。

◎ よく使われる形容詞 ◎

アルト(タ) alto(ta)	高い	ペケーニョ(ニャ) pequeño(ña)	小さい
バホ(ハ) bajo(ja)	低い	ラルゴ(ガ) largo(ga)	長い
カロ(ラ) caro(ra)	（値段が）高い	コルト(タ) corto(ta)	短い
バラト(タ) barato(ta)	安い	ポブレ pobre	貧しい
ブエノ(ナ) bueno(na)	よい	ヌエボ(バ) nuevo(va)	新しい
マロ(ラ) malo(la)	悪い	ビエホ(ハ) viejo(ja)	古い
ゴルド(ダ) gordo(da)	太った	シンパティコ(カ) simpático(ca)	感じのいい
デルガド(ダ) delgado(da)	痩せた	アンティパティコ(カ) antipático(ca)	感じの悪い
ディフィシル difícil	難しい	グアポ(パ) guapo(pa)	美しい
ファシル fácil	易しい	ボニト(タ) bonito(ta)	かわいい
グランデ grande	大きい	ホベン joven	若い

私は〜が好きです

好きなものを表すときの言い方です。

メ	グスタ	エステ	ビノ
Me	**gusta**	**este**	**vino.**
文法上は目的語だけど意味の主語	動詞	文法上は主語だけど意味の目的語	

私は　このワインが　好きです。

ちょっとだけ文法 ❶ ［自分の好みを表す］

「私は〜が好きです。」は "**Me gusta 〜**" で表します。

例　**Me gusta Picasso.**　私はピカソが好きです。

この文章の文法上の主語は Picasso で、「ピカソが私の気にいる」という作りになっています。しかし、意味上の主語は「私」で、「私はピカソが好きだ」という意味です。

例　**Me gustan los niños.**　　私は子どもが好きです。
　　No me gusta la sandía.　私はスイカが好きではありません。

ちょっとだけ文法 ❷ ［名詞の性数によって変化する指示形容詞］

指示形容詞のうち、「この〜」のように、名詞につくときは、下のような指示形容詞を使います。後につく名詞の性と数によって、語尾が変化します。

	男性名詞		女性名詞	
この／これらの	エステ este	エストス estos	エスタ esta	エスタス estas
その／それらの	エセ ese	エソス esos	エサ esa	エサス esas
あの／あれらの	アケル aquel	アケジョス aquellos	アケジャ aquella	アケジャス aquellas

例　エステ チコ
este chico　この男の子　　エストス チコス
estos chicos　この男の子たち
　　エスタ チカ
esta chica　この女の子　　エスタス チカス
estas chicas　この女の子たち

Caso 1

A

メ　　グスタ　　ムチョ　　エステ　　グルポ
Me gusta mucho este grupo.

私はこのグループが大好きなの。

mucho をつけると、「大好き」になります。

B

シン　　グアポス
Son guapos.

かっこいい人たちね。

グループの中に、複数の人がいるので "son" になります（▶ 62 ページ）。

Caso 2

A

クイダド　　エスタ　　パエジャ　　エスタ
¡Cuidado! Esta paella está
ムイ　　カリエンテ
muy caliente.

気をつけて。このパエリアはすごく熱いから。

B

バレ　メ　グスタ　エスタ　エンサラダ
Vale. Me gusta esta ensalada.

わかった。僕、このサラダが好きだよ。

女性名詞につく「この」の esta はアクセントがつきません。a の上にアクセントのつく está（動詞 estar の活用）とは別の単語ですので、区別しましょう。

columna

esta と está は違う

　「アクセント記号をつけないと間違いですか？」とよく聞かれます。文脈などから、誤解されることはほとんどないかもしれませんが、間違いです。

　たとえば日本語を学習中の外国人が「ぼうしをかふってでかけました。」と書いたとしたら、「帽子をかぶって出かけた」ことはわかりますが、やはり間違いですよね。esta と está は、はっきり、きっぱり、違う単語なのです。

～したいです

「～したい」というときの表現のしかたです。

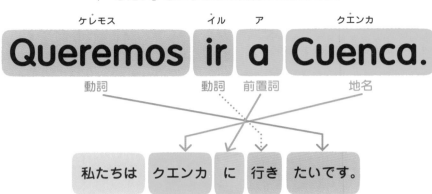

ケレモス　　　　　　　　イル　ア　　　　　　クエンカ

Queremos ir a Cuenca.

動詞　　　　　　　動詞　前置詞　　　　地名

私たちは　クエンカ　に　行き　たいです。

ちょっとだけ文法 ❶ [「～したい」を表すquerer]

動詞 **querer**（ケレル）の後に動詞をつけると、「～したい」という意味になります。querer は主語によって変化します（▶ P.90）が、その後につける動詞は、原形のまま（不定詞）です。

例
ジョ　キエロ　トラバハル　アキ
Yo quiero trabajar aquí.　　私はここで働きたいです。
キエレス　エストゥディアル　フランセス
¿Quieres estudiar francés?　君はフランス語を勉強したいですか？
ミス　パドレス　キエレン　ベル　ラ　テレ
Mis padres quieren ver la tele.

私の両親はテレビを見たがっています。

ちょっとだけ文法 ❷ [動詞の原形は名詞と同じ]

スペイン語では、活用させない原形のままの動詞（不定詞）を、名詞と同じように扱うことができます。「～すること」という意味になります。

例
エストゥディアル　エスパニョル　エス　インテレサンテ
Estudiar español es interesante.

スペイン語を学ぶことは面白い。
メ　グスタ　コシナル
Me gusta cocinar.　　私は料理することが好きです。
エス　ラ　オラ　デ　サリル
Es la hora de salir.　　出発（すること）の時間です。

こんな場面で使います

Caso **1**

A
ケ キエレス アセル オイ
¿Qué quieres hacer hoy?
今日は何をしたい？

「何」をたずねる疑問詞は qué です（▶ P.92）。

B
キエロ イル ア ラ ピスシナ
Quiero ir a la piscina.
プールに行きたいな。

Caso **2**

A
ミ イホ キエレ セル フトボリスタ
Mi hijo quiere ser futbolista.
うちの息子はサッカー選手になりたいのよ。

B
ケ ビエン キエロ ベル ス パルティド
¡Qué bien! Quiero ver su partido.
いいわね！ 試合を見てみたいわ。

ser は「〜である」の原形です（▶ P.62）。
ver は「見る」、partido は「試合」です。

◎ いろいろな動詞 ◎

アブリル **abrir**	開ける	トラバハル **trabajar**	働く
アンダル **andar**	歩く	ドルミル **dormir**	眠る
コレル **correr**	走る	ベベル **beber**	飲む
フガル **jugar**	遊ぶ	モリル **morir**	死ぬ
バイラル **bailar**	踊る	エスペラル **esperar**	待つ
ベル **ver**	見る	オルビダル **olvidar**	忘れる
デシル **decir**	言う	ボルベル **volver**	戻る
エスクチャル **escuchar**	聞く	ポネル **poner**	置く
エスクリビル **escribir**	書く	ロンペル **romper**	壊す
レエル **leer**	読む	センティル **sentir**	感じる

〜しませんか？

何かを一緒にしませんかと、誘う表現です。

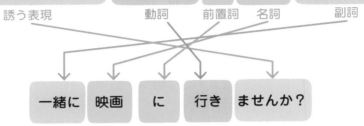

ボル　ケ　ノ　バモス　アル　シネ　フントス

¿Por qué no vamos al cine juntos?

誘う表現　　　　動詞　前置詞　名詞　　副詞

一緒に　映画　に　行き　ませんか？

ちょっとだけ文法 ① ［誘う表現］

　¿Por qué no 〜？ は、直訳すると、「なぜ〜しないのですか？」という意味ですが（▶ P.108）、主語を「私たち」にすると、「〜しませんか？」と誘う表現になります。

例
ボル　ケ　ノ　ベベモス　アルゴ
¿Por qué no bebemos algo?　　何か飲みませんか？

ボル　ケ　ノ　ボルベモス　ア　カサ
¿Por qué no volvemos a casa?　　家に帰りませんか？

ボル　ケ　ノ　コンプラモス　フロレス
¿Por qué no compramos flores?　　花を買いませんか？

ちょっとだけ文法 ② ［副詞］

フントス
juntos は「一緒に」を表す表現です。表現の幅を広げましょう。

テンプラノ temprano	早く	アンテス antes	先に
ルエゴ luego	後で	ジャ ya	もう
トダビア todavía	まだ	ソロ solo	一人で、単独で
エントンセス entonces	そのとき	プロント pronto	間もなく

例
ボル　ケ　ノ　サリモス　テンプラノ
¿Por qué no salimos temprano?　　早く出発しませんか？

ボル　ケ　ノ　コメモス　アンテス
¿Por qué no comemos antes?　　先に食べませんか？

Caso **1**

A

エストイ　　　アブリド
Estoy aburrido.

退屈だ。

B

ポル　ケ　ノ　バモス　デ　コンプラス
¿Por qué no vamos de compras?

買い物に行かない？

イル　デ　コンプラス
ir de compras で、「買い物に行く」
という意味です。

Caso **2**

A

キエロ　　　ビアハル　ア　　コロンビア
Quiero viajar a Colombia.

コロンピアへ旅行したいなあ。

viajar は「旅行する」という動詞です。

B

ポル　ケ　ノ　　バモス　フンタス
¿Por qué no vamos juntas?

一緒に行かない？

女性だけのときは、juntas になります。

◉ 誘われたときの返事のしかた ◉

コモ　ノ **¡Cómo no!**	いいよ！
ポル　スプエスト **¡Por supuesto!**	もちろん！
ブエナ　イデア **¡Buena idea!**	いい考えだ！
コン　ムチョ　グスト **¡Con mucho gusto!**	喜んで！
ノ　メ　アペテセ **No me apetece.**	気が乗らないなあ。
デスグラシアダメンテ　ノ **Desgraciadamente, no.**	残念ながらダメです。
エストイ　　オクパド(ダ) **Estoy ocupado(da).**	忙しいです。

〜できます

「〜できる」ことを表す言い方です。

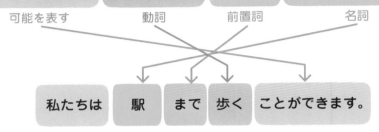

ポデモス　カミナル　アスタ　ラ　エスタシオン

Podemos caminar hasta la estación.

可能を表す　　動詞　　前置詞　　名詞

私たちは　駅　まで　歩く　ことができます。

ちょっとだけ文法 ① [動詞poderの活用]

poder（ポデル）は不規則活用の動詞で、この後に動詞をつけて「〜できる」を表します。poder は主語によって語尾が変化しますが、その後につける動詞は、原形のまま（不定詞）です。poder は次のように活用します。

単数形		複数形	
yo	puedo（プエド）	nosotros/nosotras（女性のみ）	podemos（ポデモス）
tú	puedes（プエデス）	vosotros/vosotras（女性のみ）	podéis（ポデイス）
él / ella / usted	puede（プエデ）	ellos / ellas / ustedes	pueden（プエデン）

ちょっとだけ文法 ② [前置詞hasta/desde]

hasta（アスタ）は「〜まで」を表す前置詞、逆に「〜から」を表すのは desde（デスデ）です。ここまで出てきたものと合わせて、いろいろな前置詞を使えるようにしましょう。

例 Puedo estar aquí desde las tres hasta las cinco.
プエド エスタル アキ デスデ ラス トレス アスタ ラス シンコ

私は3時から5時までここにいられます。

¿Puedes estudiar desde las siete de la mañana?
プエデス エストゥディアル デスデ ラス シエテ デ ラ マニャナ

君は朝の7時から勉強できますか？

Caso **1**

A

マニャナ　エス　ラ　フィエスタ
Mañana es la fiesta.

ポデモス　　　　プレパラルラ　　　フントス
¿Podemos prepararla juntos?

明日はパーティーだ。一緒に準備できるかな？

prepararla は preparar（準備する）に la（それを＝ la fiesta を指す）が合わさった形です。

B

シ　　プエド　　アジュダルテ
Sí. Puedo ayudarte.

いいよ。手伝えるよ。

ayudar（助ける）に te（君を）がくっついています。

Caso **2**

A

キエロ　　インビタル　ア　アナ　ア　ラ　フィエスタ
Quiero invitar a Ana a la fiesta.

アナをパーティーに誘いたいな。

B

ノ　　プエデ　　ベニル
No puede venir.

エスタ　ムイ　オクパダ
Está muy ocupada.

彼女は来られないよ。とても忙しいんだ。

columna

欲することは、成し遂げることだ！

　スペイン語に、"Querer es poder." ということわざがあります。「欲することは、成し遂げることだ。」と訳せばよいでしょうか。意志のあるところに道は開ける、求めよさらば与えられん、とも近いことばです。

　スペイン語の学習は決して簡単ではありません。しかし、学んでみたいと思い、この本を手にとってくださったあなたなら、きっとできるようになります。そう信じて、学習を続けましょう。

〜してもいいですか？

許可を得たいときの表現のしかたです。

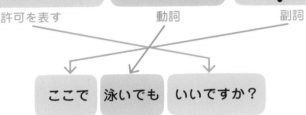

ブエド　　　　　ナダル　　　　　アキ
¿Puedo nadar aquí?

許可を表す　　　　　動詞　　　　　副詞

ここで　泳いでも　いいですか？

ちょっとだけ文法 ❶　[poderの用法]

poder (ポデル) にはいろいろな意味があります。自分を主語にした疑問文にすると、「〜してもいいですか？」と許可を求める文になります。一方、相手を主語にした疑問文では、「〜してもらえませんか」という依頼を表すことができます。

例　¿Puedo estar aquí hasta las once?
ブエド　エスタル　アキ　アスタ　ラス　オンセ

11 時までここにいてもいいですか？

¿Puedes venir mañana?　明日、来てもらえませんか？
ブエデス　ベニル　マニャナ

ちょっとだけ文法 ❷　[代名詞　私を・君を・彼女を]

「私を」「君を」「彼女を」など、「〜を」にあたる代名詞は、次のようになります（直接目的格人称代名詞）。動詞の原形（不定詞）につけるときは、動詞の語尾にくっつけて1語にします。

メ me	私を	ノス nos	私たちを
テ te	君を	オス os	君たちを
ロ lo	彼を、あなた（男性）を	ロス los	彼らを、あなた方（男性を含む）を
ラ la	彼女を、あなた（女性）を	ラス las	彼女らを、あなた方（女性のみ）を

例　Yo puedo esperarte.　僕は君を待つことができるよ。
ジョ　ブエド　エスペラルテ

Ahora no puedes verla.　君は今は彼女に会うことができない。
アオラ　ノ　ブエデス　ベルラ

Caso **1**

A

ブエド　　パサル　　ボル　　アキ
¿Puedo pasar por aquí?

ここを通ってもいいですか？

pasar は「通る」「過ぎる」という動詞です。
por aquí で「このあたりを」という意味になります。

B

ボル　　スプエスト
Por supuesto.

もちろん。

Caso **2**

A

プエデス　　レバンタルメ　　ア　ラス　　オチョ
¿Puedes levantarme a las ocho
マニャナ
mañana?

明日、8時に起こしてくれない？

B

バレ　　　プエナス　　　ノチェス
Vale. Buenas noches.

わかったよ。おやすみ。

◉ 了解や返答のことば ◉

バレ Vale.	オーケー。
ノ　パサ　ナダ No pasa nada.	何でもないよ。
ノ　アイ　プロブレマ No hay problema.	問題ないよ。
エンテンディド Entendido.	わかった。
デ　アクエルド De acuerdo.	了解。
ベルフェクト Perfecto.	完璧。
ボル　スプエスト Por supuesto.	もちろん。
ノ　アイ　デ　ケ No hay de qué.	何てことはないよ。

～しなければなりません

する必要があること（義務など）の表現のしかたです。

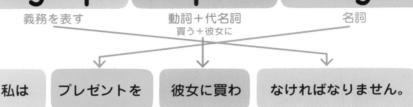

テンゴ　　ケ　　　　コンプラルレ　　ウン　　レガロ

Tengo que comprarle un regalo.

義務を表す　　　　動詞＋代名詞　　　　名詞
　　　　　　　　　買う＋彼女に

↓　　　　↓　　　　↓　　　　↓

| 私は | プレゼントを | 彼女に買わ | なければなりません。 |

ちょっとだけ文法 ❶　［義務の表し方］

「持つ」という意味の **tener** の後に、**que** ＋動詞の原形（不定詞）をつけると、「～しなければならない」という意味になります。「何？」とたずねるときの qué と違って、tener + que の que には、アクセントが付きません。

ティエネス　ケ　イル　ア　ラ　オフィシナ　トドス　ロス　ディアス
例 **Tienes que ir a la oficina todos los días.**

君は毎日事務所へ行かなくてはなりません。

ロス　ニーニョス　ティエネン　ケ　レグレサル　ア　カサ　テンプラノ
Los niños tienen que regresar a casa temprano.

子どもたちは早く家に帰らなければなりません。

否定形は、「～しなくてもよい」という意味になります。

ノ　テンゴ　ケ　ボルベル　エスタ　ノチェ
例 **No tengo que volver esta noche.**　今晩は帰らなくてもかまいません。

ちょっとだけ文法 ❷　［代名詞　私に・君に・彼女に］

「私に」「君に」「彼女に」など、「～に」にあたる代名詞は、次のようになります（間接目的格人称代名詞）。前のレッスンで学習した「～を」とほとんど同じ形です。動詞の原形（不定詞）につけるときは1語にします。

メ me	私に	テ te	君に	レ le	彼に、彼女に、あなたに
ノス nos	私たちに	オス os	君たちに	レス les	彼らに、彼女らに、あなた方に

テネモス　ケ　ペディルレ　ウン　ファボル
例 **Tenemos que pedirle un favor.**　われわれは、あなたにお願いをしなければなりません。（pedir un favor＝「お願いをする」）

ノ　ティエネス　ケ　エスクリビルレ
No tienes que escribirle.　君が彼に手紙を書く必要はないよ。

104

こんな場面で使います

Caso 1

A

ブエド　　エントラル
¿Puedo entrar?

入ってもいいですか？

B

ティエネ　　ケ　　パガル　　アキ
Tiene que pagar aquí.

ここでお支払いが必要です。

ここでの tiene que は usted に対しての活用形になっています。pagar は「払う」です。

Caso 2

A

テンゴ　　ケ　　ダルレ　　エステ
Tengo que darle este
ドクメント　　ア　ミ　ヘフェ
documento a mi jefe.

この書類を上司に提出しなきゃ。

B

アオラ　　エスタ　エン　エル　　デスパチョ
Ahora está en el despacho
デ　ラ　　ディレクトラ
de la directora.

社長室にいるよ。

テスト　日本語に合うスペイン語の文章を、A〜Dから選びましょう。

❶ 私はここで待たなくてはなりません。

❷ 私はここで待つ必要はありません。

❸ 君はここで待っていてもいいですよ。

❹ 君はここで待っていてはいけません。

A : Puedes esperar aquí.

B : Tengo que esperar aquí.

C : No tengo que esperar aquí.

D : No puedes esperar aquí.

<解答> ❶：B　❷：C　❸：A　❹：D

～したことがあります

過去にしたことがあることを表す言い方です。

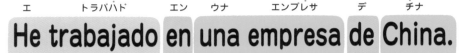

エ　　トラバハド　　エン　　ウナ　　エンプレサ　　デ　　チナ
He trabajado en una empresa de China.

haber ＋過去分詞　　前置詞　　名詞　　前置詞　　名詞

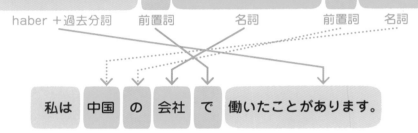

私は 中国 の 会社 で 働いたことがあります。

ちょっとだけ文法 ❶ ［過去分詞］

　動詞の原形から -ar、-er、-ir を取り、語尾に **-ado**、**-ido** をつけたものを過去分詞と言います。-ar 動詞には **-ado** を、-er 動詞・-ir 動詞には **-ido** をつけます。

hablar（-ar 動詞）	アブラド habl**ado**
comer（-er 動詞）	コミド com**ido**
vivir（-ir 動詞）	ビビド viv**ido**

ちょっとだけ文法 ❷ ［現在完了形］

　動詞 **haber**（アベル）と過去分詞を合わせると、「～したことがある」「～したところだ」「～してしまった」などの意味を表す文章を作ることができます。これを、現在完了形と言います。haber は次のように活用します。

単数形		複数形	
yo	エ he	nosotros/nosotras（女性のみ）	エモス hemos
tú	アス has	vosotros/vosotras（女性のみ）	アベイス habéis
él / ella / usted	ア ha	ellos / ellas / ustedes	アン han

例　ミ エルマノ ア ビアハド ア ベル
Mi hermano ha viajado a Perú.　私の兄はペルーに旅行したことがあります。
　　エモス コミド ジャ
Hemos comido ya.　私たちはもうお昼を食べてしまった。

こんな場面で使います

Caso 1

A
ミス ティオス ジャ アン レグレサド ア ス パイス
Mis tíos ya han regresado a su país.

おじたちはもう国に帰ったよ。

regresado は、regresar（レグレサル）の過去分詞です。

B
ジャ ノ ビベン コンディゴ
Ya no viven contigo.

もう君と一緒には住んでいないんだね。

Caso 2

A
エモス トラバハド ムチョ エスタ セマナ
Hemos trabajado mucho esta semana.

今週は、私たちよく働いたわ。

まだ過去になっていない「今日」「今月」「今年」
などの語句と一緒に使って、過ぎたこと、終わっ
たことを表すこともできます。

B
シ バモス ア デスカンサル ウン ポコ
Sí. Vamos a descansar un poco.

ええ。少し休みましょうよ。

columna

不規則な過去分詞

　過去分詞はほとんどが左ページのような -ado, -ido の形になります。不規則
なものとしては次のような動詞があります。

アブリル abrir	開ける	アビエルト abierto	デシル decir	言う	ディチョ dicho
アセル hacer	する、作る	エチョ hecho	ベル ver	見る	ビスト visto
クブリル cubrir	覆う	クビエルト cubierto	エスクリビル escribir	書く	エスクリト escrito
ロンペル romper	壊す	ロト roto	ボルベル volver	戻る	ブエルト vuelto
ポネル poner	置く	プエスト puesto	レソルベル resolver	解決する	レスエルト resuelto

だれが・いつ・どんな・なぜ〜ですか？

さまざまな疑問詞について学びます。

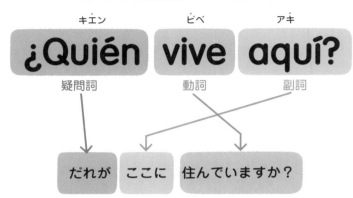

キエン ビベ アキ

¿Quién vive aquí?

疑問詞　　　　　　動詞　　　　　　副詞

だれが　ここに　住んでいますか？

ちょっとだけ文法 ❶　[だれをたずねる疑問詞quién]

　人（だれ）をたずねる疑問詞は quién キエン です。前置詞を組み合わせて、「だれを」「だれの」などを表すこともできます。

例

¿Quién está ahí? キエン エスタ アイ	そこにいるのはだれだい？
¿A quién buscas? ア キエン ブスカス	君はだれを探しているの？
¿De quién es este libro? デ キエン エス エステ リブロ	この本はだれのですか？

ちょっとだけ文法 ❷　[主な疑問詞]

　その他の主な疑問詞は、「いつ」=cuándo クアンド、「どんな」=cómo コモ、「なぜ」=por qué ポル ケ などです。

例

¿Cuándo regresa a Japón su jefe?
クアンド レグレサ ア ハポン ス ヘフェ
上司の方はいつ日本に帰られますか？

¿Cómo son tus hermanos?
コモ ソン トゥス エルマノス
君の兄弟はどんな感じですか？

¿Por qué estudias español?
ポル ケ エストゥディアス エスパニョル
なぜ君はスペイン語を勉強するの？

こんな場面で使います

Caso **1**

A

コン　キエン　バス　ア　サリル　エスタ　ノチェ
¿Con quién vas a salir esta noche?

今晩、だれと出かけるつもりなの？

B

ボル　ケ　テンゴ　ケ　コンテスタル
¿Por qué tengo que contestar?

どうして答えなきゃいけないの？

con は、「〜と」を表す前置詞です
（▶ P.84）。

Caso **2**

A

アスタ　クアンド　プエデス　エスペラル
¿Hasta cuándo puedes esperar?

いつまで待てる？

「〜まで」の hasta と「いつ」の cuándo を組み合わせて、「いつまで」と言うことができます。

B

ジャ　ノ　プエド　エスペラル　マス　ロ　シエント
Ya no puedo esperar más. Lo siento.

もう待てないわ。ごめんなさい。

más は、「もっと」「今以上に」を表します。

テスト

日本語の意味に合うように、（　）に A 〜 D からことばを選びましょう。

❶ どうしてここで働いているのですか？　　¿(　　　　　) trabajas aquí?

❷ だれがここで働いているのですか？　　　¿(　　　　　) trabaja aquí?

❸ どのようにここで働いているのですか？　¿(　　　　　) trabajas aquí?

❹ 君はどこで働いているのですか？　　　　¿(　　　　　) trabajas tú?

A : Dónde	B : Quién
C : Por qué	D : Cómo

<解答> ❶：C　❷：B　❸：D　❹：A

主な疑問詞

疑問を表す主な表現をまとめてみました。

qué（ケ） ➡ 何

¿Qué es esto?
（ケ　エス　エスト）

これは何ですか？

quién（キエン） ➡ だれ

¿Quién es esta señora?
（キエン　エス　エスタ　セニョラ）

この女の人はだれですか？

cuándo（クアンド） ➡ いつ

¿Cuándo vas a España?
（クアンド　バス　ア　エスパニャ）

いつスペインに行くのですか？

dónde（ドンデ） ➡ どこ

¿Dónde está tu hermano?
（ドンデ　エスタ　トゥ　エルマノ）

お兄さんはどこにいますか？

cómo（コモ） ➡ どんな

¿Cómo es tu jefe?
（コモ　エス　トゥ　ヘフェ）

君の上司はどんな風ですか？

cuál（クアル） ➡ どれ

¿Cuál es tu libro?
（クアル　エス　トゥ　リブロ）

君の本はどれですか？

cuánto（クアント） ➡ どのくらい（量）

¿Cuánto quieres?
（クアント　キエレス）

（買い物などで）どれくらい欲しい
ですか？

CAPÍTULO
4

これで旅行もバッチリ！
場面定番フレーズ

🔊))) DL 4_01

アビオン
avión
飛行機

クアル エス エル モティボ デ ス ビシタ
¿Cuál es el motivo de su visita?
入国の目的は何ですか？

パサポルテ
pasaporte
パスポート

バラ トゥリスモ
Para turismo.
観光です。

コントロル デ インミグラシオン
control de inmigración
入国審査

マレタ
maleta
スーツケース

レコヒダ デ
recogida de
エキパヘス
equipajes
荷物受取所

ティエンダ　リブレ
tienda libre
デ　インプエストス
de impuestos
免税店

ビジェテ
billete
チケット

コントロル　デ
control de
アドゥアナス
aduanas
税関

アウシリアル　デ　ブエロ
auxiliar de vuelo
客室乗務員

CAPÍTULO 4

これで旅行もバッチリ！ 場面定番フレーズ

\\ 案内所で //

informacion

トダビア　アイ　メトロ
¿Todavía hay metro?
まだ地下鉄は走っていますか？

113

空港で使えるフレーズ

空港で見かける、¡Bienvenidos! は「ようこそ！」という意味です。
入国時には、次のようなことばを覚えておきましょう。

╲╲ 入国管理局にて、入国目的を伝える ╱╱

クアル　エス　エル　モティボ　デ　ス　ビシタ
¿Cuál es el motivo de su visita?
入国の目的は何ですか？

バラ　　トゥリスモ
Para turismo.
観光です。

"He venido a España." で「私はスペインにやってきました。」ですが、長い文章にする必要はありません。

仕事で訪れたなら "Para trabajo." 観光目的なら "Para turismo." でじゅうぶんです。para は、「〜のために」を表すことばで、街中でも便利に使えます。

バラ　　スベニル
● **Para souvenir.**
おみやげのために。

バラ　　ジェバル
● **Para llevar.**
持って行くために＝テイクアウトで。

フレーズ1

手荷物受取所でトラブルを伝える

_ノ _{プエド} _{エンコントラル} _ミ _{マレタ}
No puedo encontrar mi maleta.

スーツケースが見つかりません。

表現 "No puedo ~ ." で「~することができません。」です（▶ P.100）。encontrar は、「見つける、発見する」です。

フレーズ2

スーツケースの取り違えを伝える

_{エス} _ラ _{ミア}
Es la mía.

それは私のです。

語彙 スーツケースは maleta で女性名詞なので、"Es la mía." です。たとえば帽子 sombrero など男性名詞だったら、"Es el mío."（それは私のです。）となります。

フレーズ3

両替所で両替をする

_{カンビエ} _{エン} _{エウロ} _{ポル} _{ファボル}
Cambie en euro, por favor.

ユーロに両替してください。

語彙 Cambie は、cambiar（変わる、両替する）のていねいな命令形です。

フレーズ4

案内所がどこにあるかたずねる

_{ドンデ} _{エスタ} _ラ _{インフォルマシオン}
¿Dónde está la información?

案内所はどこですか？

プラスα "¿Dónde está ~ ?" で、「~はどこですか？」です（▶ P.70）。
● ¿Dónde está la parada de autobús?　バス乗り場はどこですか？
● ¿Dónde está el servicio?　トイレはどこですか？

115

機内で使えるフレーズ

- -

心おどる空の旅。vuelo は動詞 volar（飛ぶ）が名詞になったものです。
ブエロ　　　　　　　　　　　ボラル

\\ 機内で CA にお願いをする //

> プエデ　ダルメ　オトラ　マンタ　ポル　ファボル
> **¿Puede darme otra manta, por favor?**
> もう1枚毛布をいただけませんか？

> デ　アクエルド
> **De acuerdo.**
> かしこまりました。

> バラ　ミ　タンビエン
> **Para mí también.**
> 私にもお願いします。

darme は、dar（渡す、与える）の原形に me（私に）がくっついた形です。次のように使うことができます。
ダルメ　　　　　　ダル　　　　　　　　　　　　　　　　　　　メ

- プエデ　　ダルメ　ウン　ペリオディコ
  ¿Puede darme un periódico?　新聞をください。

- プエデ　　ダルメ　ウン　バソ　デ　アグア
  ¿Puede darme un vaso de agua?　お水を1杯ください。

フレーズ 1　通路側の席の人へ声をかける

コン　　ペルミソ　　プエド　　パサル
Con permiso, ¿puedo pasar?

すみません、通ってもいいですか？

 表現　con permiso で、「すみません」という呼びかけになります。通路を通してもらうときや座席を倒すときなどに使います。"Con permiso." だけでも OK。

 フレーズ 2　座席の変更をお願いする

ポドリア　　カンビアル　　エル　　アシエント
¿Podría cambiar el asiento?

座席を代わっていただけませんか？

 表現　podría は、poder（〜できる）の活用のひとつで、よりていねいに依頼を表す表現です。

 語彙　asiento　座席／ asiento de ventana　窓側の席／ asiento de pasillo　通路側の席

 フレーズ 3　日本食についてたずねる

アイ　　コミダ　　ハポネサ
¿Hay comida japonesa?

日本食はありますか？

 文化　機内食で、日本食を用意するところが増えてきました。有無を表す hay でたずねることができます。

 語彙　carne　肉（豚・牛）／ pollo　鶏肉／ pescado　魚／ pan　パン

 フレーズ 4　体調不良を訴える

メ　　シエント　　マル
Me siento mal.

気分が悪いです。

 プラスα　もし体調が悪くなってしまったら、このフレーズ。me siento は sentirse（「自分が…だと感じる」再帰動詞）の活用形。mal は「悪い」です。

表現　● Me duele la cabeza.　頭が痛いです。　● Tengo frío.　寒いです。
● Tengo náuseas.　吐き気がします。

117

市内への移動で使えるフレーズ

・・・・・・・・・・・・・・・・・・・・・・・・・・・

空港から、いよいよ市内へ。transporte は移動、輸送を表すことば。
交通機関は medios de transporte です。

\\ 空港職員に地下鉄についてたずねる //

¿Todavía hay metro?
まだ地下鉄は走っていますか？

Sí. El andén está en la segunda planta del sótano.
はい。乗り場は地下2階です。

　旅先では、"¿Dónde está 〜 ?"（〜はどこですか？）とたずねることが多くあるでしょう。場所を表す estar の表現を確認しましょう（▶ P66）。なお、スペインでは階数を表す表現が日本とは異なり、次のようになります。

● **planta baja** 　　　　　　　　1階

● **primer piso** 　　　　　　　　2階

● **primera planta del sótano** 　地下1階

118

タクシー乗り場をたずねる

^{ドンデ エスタ ラ パラダ デ タクシス}
¿Dónde está la parada de taxis?
タクシー乗り場はどこですか？

文化 タクシーのフロントガラスに "LIBRE"（リブレ）と出ているのは「空車」の意味です。

語彙 estación（エスタシオン） 駅／ maletero（マレテロ） トランク／ música（ムシカ） 音楽／ radio（ラディオ） ラジオ

市街地までの料金を確認する

^{クアント クエスタ アスタ エル セントロ}
¿Cuánto cuesta hasta el centro?
市街地までいくらかかりますか？

表現 値段をたずねる表現には、次のようなものがあります。
- ¿Cuánto cuesta（クアント クエスタ） ～ ？　いくらかかりますか？
- ¿Cuánto es（クアント エス） ～ ？　　　　いくらですか？

バスの時刻を確認する

^{ア ケ オラ サレ エル アウトブス パラ アトチャ}
¿A qué hora sale el autobús para Atocha?
アトーチャ行きのバスは何時に出ますか？

プラスα 時間をたずねる表現は 155 ページを参照してください。行き先を表す前置詞は para です。

語彙 tarifa（タリファ） 料金／ billete（ビジェテ） 切符／ línea（リネア） 路線

運転手に目的地到着を教えてもらう

^{アビセメ クアンド ジェゲモス アル オテル レヒナ}
Avíseme cuando lleguemos al Hotel Regina.
レジーナホテルに着いたら教えてください。

表現 "Avíseme"（アビセメ） は、avisar（アビサル）（知らせる）のていねいな命令形に me（メ）（私に）がくっついた形です。

語彙 llegar（ジェガル） 着く／ subir（スビル） 乗る／ bajar（バハル） 降りる／ pasar（パサル） 過ぎる

HOTEL
ホテル

DL 4_05

エントラダ
entrada
玄関

ボトネス
botones
ベルボーイ

プエルタ
puerta
ドア

ポルテロ
portero
ポーター

オラ　アイ　ウナ　オフィシナ　デ　コレオス　セルカ　デ　アキ
Hola. ¿Hay una oficina de correos cerca de aquí?
すみません。この近くに郵便局はありますか？

フォジェト
folleto
パンフレット

プラノ
plano
地図

メサ
mesa
テーブル

コンセルヘ
conserje
コンシェルジュ

120

ascensor
エレベーター

sala
ロビー

sofá
ソファ

Me gustaría registrarme.
チェックインをお願いします。

llave
鍵

firma
サイン

campanilla
呼び鈴

recepcionista
フロント係

recepción
フロント

これで旅行もバッチリ！　場面定番フレーズ

ホテルのフロントで使えるフレーズ

宿泊のことは alojamiento（アロハミエント）と言います。

旅には快適な alojamiento が必要ですよね。

\\ チェックインする //

メ　　　グスタリア　　　レヒストラルメ
Me gustaría registrarme.
チェックインをお願いします。

ティエネ　　　レセルバ
¿Tiene reserva?
予約はございますか？

シ　メ　ジャモ　リエ　ニシダ
Sí. Me llamo Rie Nishida.
はい。ニシダリエと言います。

予約なしで宿泊にチャレンジするときの表現は次のようになります。まずは、部屋の空きを確認します。その日の晩に泊まるなら、para hoy（バラ オイ）（今日）または、para esta noche（バラ エスタ ノチェ）（今晩）という表現になります。次のような言い方が使えます。

ティエネ　ウナ　アビタシオン　バラ　オイ
● **¿Tiene una habitación para hoy?**
今日、空いている部屋はありますか？

クアントス　ディアス
● **¿Cuántos días?**
何泊ですか？

クアント　クエスタ　ポル　ウナ　ノチェ
● **¿Cuánto cuesta por una noche?**
一泊いくらですか？

フレーズ 1 部屋のタイプを確認する

<ruby>¿Hay<rt>アイ</rt></ruby> <ruby>una<rt>ウナ</rt></ruby> <ruby>habitación<rt>アビタシオン</rt></ruby> <ruby>con<rt>コン</rt></ruby> <ruby>cuarto<rt>クアルト</rt></ruby> <ruby>de<rt>デ</rt></ruby> <ruby>baño?<rt>バニョ</rt></ruby>

¿Hay una habitación con cuarto de baño?

バス付きの部屋はありますか？

プラス α 部屋のタイプや宿泊の条件を確認するときの表現です。前置詞 con（～と）を使います。
● ¿Hay una habitación con dos camas? ツインの部屋はありますか？

語彙 con baño 浴槽付きの／ con ducha シャワー付きの
／ con desayuno 朝食付きの

フレーズ 2 部屋の値段交渉をする

<ruby>Me<rt>メ</rt></ruby> <ruby>gustaría<rt>グスタリア</rt></ruby> <ruby>la<rt>ラ</rt></ruby> <ruby>más<rt>マス</rt></ruby> <ruby>barata<rt>バラタ</rt></ruby> <ruby>posible.<rt>ポシブレ</rt></ruby>

Me gustaría la más barata posible.

できるだけ安い部屋をお願いします。

表現 habitación（部屋）は女性名詞です。barata は barato（安い）の女性形で、posible は「可能な」です。la más ～ posible で「できるだけ～なもの」です。

フレーズ 3 先に部屋を見せてもらう

<ruby>¿Puedo<rt>プエド</rt></ruby> <ruby>ver<rt>ベル</rt></ruby> <ruby>la<rt>ラ</rt></ruby> <ruby>habitación?<rt>アビタシオン</rt></ruby>

¿Puedo ver la habitación?

部屋を見せてもらえますか？

プラス α 百聞は一見にしかず。poder の活用形、puedo を使ってお願いしてみましょう。何人か（複数）で見せてもらうなら、"¿Podemos ver ～ ?" です。

語彙 dejar mi equipaje 荷物を置いていく／ pagar con tarjeta クレジットカードで払う／ anular mi reserva 予約をキャンセルする

フレーズ 4 チェックアウトの時間を確認する

<ruby>¿A<rt>ア</rt></ruby> <ruby>qué<rt>ケ</rt></ruby> <ruby>hora<rt>オラ</rt></ruby> <ruby>tengo<rt>テンゴ</rt></ruby> <ruby>que<rt>ケ</rt></ruby> <ruby>dejar<rt>デハル</rt></ruby> <ruby>la<rt>ラ</rt></ruby> <ruby>habitación?<rt>アビタシオン</rt></ruby>

¿A qué hora tengo que dejar la habitación?

何時にチェックアウトしなければいけませんか？

プラス α 英語のチェックアウト（check out）でも通じますが、スペイン語らしく言うならこの表現で。dejar はいろいろな意味のある動詞ですが、ここでは「…から去る」です。

ホテルの部屋で使えるフレーズ

ホテルのサービス（servicio）に関する表現です。
トラブル（problema）は起きてほしくないですね。

ホテルの部屋で Wi-Fi 接続についてたずねる

Oiga, ¿se puede usar wi-fi aquí?
オイガ　　セ　プエデ　ウサル　ウィフィ　アキ
もしもし、ここは Wi-Fi は使えますか？

Sí, por supuesto.
シ　ポル　スプエスト
ええ、もちろんです。

Pero no puedo conectarme.
ペロ　ノ　プエド　コネクタルメ
でも接続ができないんですけど。

　"Oiga" は、oir（聞く）のていねいな命令形で、電話をかけた側が最初に呼びかけのことばとして使う表現です。"Se puede" は、一般的にできること、できるはずのことを表します。

フレーズ 1 追加で枕をお願いする

プエデ トラエルメ ウナ アルモアダ マス
¿Puede traerme una almohada más?

枕をもう1つ持ってきてもらえますか？

 表現 traer は「持ってくる」を表す動詞です。「もう1つ」なら un/una ～ más、「あと2つ」なら dos ～ más となります。

 フレーズ 2 ドライヤーの故障を訴える

エル セカドル ノ フンシオナ
El secador no funciona.

ドライヤーが動きません。

 表現 funciona は funcionar（機能する、作動する）の活用形です。
● El aire acondicionado no funciona.　エアコンが動きません。

 語彙 la tele　テレビ／ el mando a distancia　リモコン／ el minibar　ミニバー

 フレーズ 3 エアコンの使い方を聞く

ノ セ コモ ウサル エル アイレ アコンディシオナド
No sé cómo usar el aire acondicionado.

エアコンの使い方がわかりません。

プラスα sé は saber（知る、わかる）の1人称単数の形。"cómo ＋動詞の原形（不定詞）" で、「～のしかた」になります。

 フレーズ 4 騒音について訴える

ペルドン メ モレスタ エル ルイド デ ラ アビタシオン コンティグア
Perdón, me molesta el ruido de la habitación contigua.

すみません、隣の音がうるさくて気になります。

 表現 molesta は、動詞 molestar（迷惑をかける、不快にする）の活用形です。前に「私に」を表す me がついています。

語彙 ruido　騒音、雑音／ contiguo(a)　隣の、隣接する

ホテルでの情報収集に使えるフレーズ

ホテルのフロント係（recepcionista<ruby>レセプシオニスタ</ruby>）やコンシェルジュ
（conserje<ruby>コンセルヘ</ruby>）に、いろいろ教えてもらいましょう。

\\ コンシェルジュに郵便についてたずねる //

オラ　アイ　ウナ　オフィシナ　デ　コレオス　セルカ　デ　アキ
Hola. ¿Hay una oficina de correos cerca de aquí?

すみません。この近くに郵便局はありますか？

エスタ　ウン　ポコ　レホス　ケ　ケリア
Está un poco lejos. ¿Qué querría?

少し遠いです。何をご希望ですか？

キエロ　エンビアル　アルグナス　ポスタレス
Quiero enviar algunas postales.

絵ハガキを送りたいのです。

　　話しかけるときには "Hola<ruby>オラ</ruby>." を使いましょう。存在と場所の表現については 76 ペ
ージにまとめがあります。querría<ruby>ケリア</ruby> は、querer（望む、欲しがる）の活用形で、相手に
対する婉曲な表現です。

フレーズ 1 おすすめを教えてもらう

プエデ　　レコメンダルメ　　ウン　　レスタウランテ　　プエノ　イ　バラト
¿Puede recomendarme un restaurante bueno y barato?

おいしくて安いレストランを教えてもらえませんか？

プラスα recomendar は「推薦する」。me（私に）がくっついています。un restaurante を
入れ替えて、いろいろなおすすめを聞くことができます。

語彙 una tienda de moda　流行の店／ una cafetería tranquila　静かなカフェ
／ una película popular　人気の映画

 フレーズ 2 目的地までの距離をたずねる

クアント　　セ　タルダ　ア　ピエ　ア　ラ　プラサ　マジョル
¿Cuánto se tarda a pie a la Plaza Mayor?

マヨール広場まで歩いてどれくらいかかりますか？

 表現 「時間がかかる」ことを表すには、tardar という動詞を使います。a pie は、「徒歩で」
を表します。

 語彙 en taxi　タクシーで／ en metro　地下鉄で

 フレーズ 3 希望を伝える

メ　　グスタリア　　ベル　ウン　バルティド　デ　フトボル
Me gustaría ver un partido de fútbol.

サッカーの試合を見たいです。

表現 "Me gustaría 〜 " で、「〜したい」をていねいに表すことができます。ver は「見る」、
partido は「試合」です。

語彙 ver las corridas　闘牛を見る／ ver flamenco　フラメンコを見る
／ ir a un concierto　コンサートに行く／ ir al cine　映画館に行く

 フレーズ 4 英語が話せるかたずねてみる

プエド　　アブラルレ　エン　イングレス
¿Puedo hablarle en inglés?

英語で話してもいいですか？

 文化 大きなホテルなら英語の話せるスタッフもいるはずです。No.（いいえ）と言われてし
まったら、なんとかスペイン語でがんばりましょう！

127

BAR
バル

ポテジャ
botella
ビン

ソン　アルボンディガス
Son albóndigas.
肉だんごです。

カハ
caja
レジ

ケソ
queso
チーズ

カマレロ
camarero
店員（男性）

カニャ
caña
生ビール

ハモン
jamón
生ハム

アセイトゥナ
aceituna
オリーブ（の実）

ゲ　エス　エスト
¿Qué es esto?
これは何ですか？

バソ
vaso
コップ

バラ
barra
カウンター

terraza
テラサ
テラス席

¡Por favor!
ポル　ファボル
お願いします！

¿Hay alguna fruta?
アイ　アルグナ　フルタ
何か果物はありますか？

jarra
ハラ
カラフェ

taza
タサ
カップ

cuchara
クチャラ
スプーン

tenedor
テネドル
フォーク

servilleta
セルビジェッタ
ナプキン

cerveza
セルベサ
瓶ビール

129

朝のバルで使えるフレーズ

スペインは朝食（desayuno）も魅力的です。ホテルの朝食ではなく、
早くから開いている街中のバルを利用しても。

\\ バルで朝食をとる //

ウナ　トスタダ　イ　ウン　スモ　デ　ナランハ　ポル　ファボル
Una tostada y un zumo de naranja, por favor.
トーストとオレンジジュースをお願いします。

デ　アクエルド　　　　コン　マンテキジャ
De acuerdo. ¿Con mantequilla
オ　メルメラダ
o mermelada?
かしこまりました。バターかジャムをおつけしますか？

マンテキジャ　　　　ポル　ファボル
Mantequilla, por favor.
バターをお願いします。

　ショーウィンドウに入っている甘いパン bollería を指さすのが簡単ですが、甘くな
いパンがよければトースト tostada もおすすめです。ジャムは、いちご fresa、桃
melocotón、いちじく higo などが一般的です。

フレーズ 1　店員から声をかけられる

ブエノス　ディアス　ケ　デセアン
Buenos días. ¿Qué desean?

おはようございます。何にしますか？

 店員さんがあいさつしてくれたら、"Buenos días." や "Hola." で答えましょう。
desean は desear の 3 人称複数形。1 人（あなた）に対しては、desea になります。

 フレーズ 2　コーヒーを頼む

キエロ　ソロ　ウン　カフェ
Quiero solo un café.

私はコーヒーだけください。

 solo を付けると、「〜だけ」という意味になります。注文などが、「以上です」という
ときには、Nada más. と言います。

 フレーズ 3　テイクアウトか食べていくかを聞かれる

パラ　ジェバル　オ　パラ　コメル　アキ
¿Para llevar o para comer aquí?

テイクアウトですか、こちらで召し上がりますか？

表現　llevar は「持っていく」という意味です。答えるときには、そのまま "Para llevar."
または、"Para comer aquí." と言えば OK です。

 フレーズ 4　支払額をたずねる

クアント　エス　エン　トタル
¿Cuánto es en total?

全部でおいくらですか？

文化　スペインにも、カフェやレストランでチップを置いていく文化がありますが、近年あま
り置かない人が増えてきています。
軽く朝食をとったような場合は、特に必要ないでしょう。
笑顔と "Gracias." のほうが大切です。

131

昼間のバルで使えるフレーズ

食べ物のことを表す comida(コミダ) が、「ランチ」の意味にもなるくらい、
スペインではお昼の食事が重要です。

＼ デザートを頼む ／／

¿Qué desean de postre?
(ケ デセアン デ ポストレ)
デザートは何にしますか？

¿Hay alguna fruta?
(アイ アルグナ フルタ)
何か果物はありますか？

Sí. Melón, sandía o piña.
(シ メロン サンディア オ ピニャ)
ええ。メロン、スイカ、パイナップルがあります。

　お昼はぜひ、menú del día(メヌ テル ティア) と呼ばれるランチセットを頼んでみてください (▶
P.87)。デザート postre(ポストレ) やコーヒー café(カフェ) が付く場合も多く、お得です。

フレーズ 1 コーヒー付きかどうかをたずねる

エル カフェ エスタ インクルイド
¿El café está incluido?

コーヒーは含まれていますか？

 プラスα incluir（インクルイル）は「含む」を表す動詞です。estar incluido（エスタル インクルイド）で「含まれている」になります。la bebida（ラ ベビダ）（飲み物）や la fruta（ラ フルタ）（果物）といった女性名詞が主語のときは、estar incluida（エスタル インクルイダ）です。

 フレーズ 2 お店のおすすめをたずねる

ケ メ レコミエンダ
¿Qué me recomienda?

おすすめは何ですか？

 表現 recomendar（レコメンダル）は「すすめる」。直訳すると、「あなたは私に何をすすめますか？」です。

 フレーズ 3 料理のボリュームをたずねる

コモ エス エル タマニョ
¿Cómo es el tamaño?

どのくらいの大きさですか？

 文化 スペインの料理は、日本人にはボリュームが大きすぎることも。tamaño はサイズです。手でお皿のサイズを作ってみながら次のように言っても通じるでしょう。
- ¿Como así?（コモ アシ） こんな感じですか？

 フレーズ 4 取り分けられるかをたずねる

ポデモス コンパルティルロ
¿Podemos compartirlo?

シェアできますか？

 文化 頼んだ料理が多すぎたら、分け合って食べましょう。compartir（コンパルティル）（共有する）と言えば、取り分けるためのお皿（plato）（プラト）を持ってきてくれるはずです。

DL **4-12**

夜のバルで使えるフレーズ

スペイン旅行で、夜のバルめぐりを楽しみにしている人も多いはず。
さあ、¡Vamos a salir!（飲みに出かけましょう！）
バモス　ア　サリル

＼＼ バルの店員と会話を楽しむ ／／

ケ　エス　エスト
¿Qué es esto?
これは何ですか？

ソン　アルボンディガス
Son albóndigas.
肉だんごです。

お目当てのバルに行けたら、店員にそれを伝えたくなるものです。

ジョ レイ ソブレ エステ バル エン ハポン　　ケリア ベニル アキ
● **Yo leí sobre este bar en Japón. Quería venir aquí.**

日本でこのバルのことを読みました。ここに来たかったんです。

レイ
leí は leer「読む」の１人称単数形の点過去（▶ P.30）です。雑誌の記事やガイドブックのページを見せて、次のように言ってみるのもいいでしょう。

エステ アルティクロ エス ソブレ エステ バル
● **Este artículo es sobre este bar.**　　この記事はこのバルについてのものです。

フレーズ 1　ワインを頼む

ティエネ　ビノ　ティント　デ　ラ　カサ
¿Tiene vino tinto de la casa?

ハウスワインの赤はありますか？

 表現　「～がありますか？」と聞くときには、"¿Tiene ～ ?" あるいは "¿Hay ～ ?" を使いましょう。

 フレーズ 2　試食ができるかたずねる

プエド　プロバル　エスタ　タパ
¿Puedo probar esta tapa?

このタパスを試食してもいいですか？

 文化　ショーウィンドウの大皿の料理などを、少しだけとって味見させてくれることもあります。probar は「試す」です。

 フレーズ 3　ほかのお客さんと同じ料理を頼む

ラ　ミスマ　タパ　デ　アケジャ　メサ　ポル　ファボル
La misma tapa de aquella mesa, por favor.

向こうのテーブルと同じタパスをお願いします。

 表現　ほかのお客さんが食べているものがおいしそうだったら、la misma（同じもの）と言ってみましょう。aquel señor（向こうの男性）や aquel grupo（向こうのグループ）などとも入れ替えられます。

 フレーズ 4　ワインをおかわりする

メ　ア　グスタド　エステ　ビノ　オトラ　コパ　ポル　ファボル
Me ha gustado este vino. Otra copa, por favor.

このワインを気に入りました。もう 1 杯ください。

 プラスα　食べたものが気に入ったら、「～が好きです」（▶ P.94）の現在完了形を使います。otro(a) は、「もう 1 つの」です。

イマン
imán
マグネット

ボリグラホ
bolígrafo
ボールペン

メ　ジェボ　エステ　プエド　パガル　コン　タルヘタ　デ　クレディト
Me llevo este. ¿Puedo pagar con tarjeta de crédito?
これにします。クレジットカードは使えますか？

ポル　スプエスト　ウン　ソロ　パゴ　オ　ア　プラソス
Por supuesto. ¿Un solo pago o a plazos?
もちろんです。一括にしますか、分割にしますか？

セラミカ
cerámica
陶器

ムニェコ
muñeco
（男性の）人形

ムニェカ
muñeca
（女性の）人形

プラト
plato
皿

プレシオ
precio
値段

corrida de toros
コリダ　デ　トロス
闘牛

abanico
アバニコ
扇子

gorra
ゴラ
キャップ

vestido
ベスティド
衣装

camiseta
カミセタ
Ｔシャツ

bolso
ボルソ
バッグ

vendedor
ベンデドル
店員

paquete
パケテ
梱包

regalo
レガロ
プレゼント

¿Puedo probar?
プエド　プロバル
試してみていいですか？

137

買い物で使えるフレーズ

「買い物をする」ことは hacer compras(アセル コンプラス)と言います。
市場（mercado メルカド）を見るのも、旅行の楽しみのひとつですね。

＼ 地元の名産を探す ／

Quiero comprar algunos alimentos típicos españoles.
キエロ コンプラル アルグノス アリメントス ティピコス エスパニョレス

何か、スペイン名産の食べ物を買いたいな。

Entonces vamos a ir al Mercado de San Miguel.
エントンセス バモス ア イル アル メルカド デ サン ミゲル

それならサンミゲル市場に行こう。

「市場」は mercado（メルカド）、「スーパーマーケット」は supermercado（スペルメルカド）と言います。マドリードでは、イートスペース（zona de comer ゾナ デ コメル）と一緒になったグルメ市場が人気を博しています。

フレーズ 1 はじめての物を見たとき

_{ヌンカ　ロ　アビア　ビスト}
Nunca lo había visto.

見たことがありません。

 表現　見たこともないものに出会ったときに使います。nunca_{ヌンカ} は、「これまで一度も〜ない」を表す副詞です。

 フレーズ 2 食べ方を教えてもらう

_{コモ　セ　コメ}
¿Cómo se come?

どのように食べるのですか？

 プラスα　動詞 comer_{コメル}（食べる）を beber_{ベベル} に変えれば、次のように使うこともできます。
- ¿Cómo se bebe?_{コモ　セ　ベベ}　どのように飲むのですか？

また、usar_{ウサル} に変えれば次のようになります。
- ¿Cómo se usa?_{コモ　セ　ウサ}　どのように使うのですか？

 フレーズ 3 日持ちをたずねる

_{クアント　ティエンポ　ドゥラ　エン　ブエン　エスタド}
¿Cuánto tiempo dura en buen estado?

いつまで日持ちしますか？

 表現　cuánto tiempo_{クアント　ティエンポ} で「どのくらいの時間」を意味します。durar_{ドゥラル} は「続く、長持ちする」、estado_{エスタド} は「状態」です。

 フレーズ 4 箱詰めにしてもらう

_{プエデ　メテルロ　エン　ウナ　カハ}
¿Puede meterlo en una caja?

箱に入れてもらえますか？

表現　meter_{メテル} は「入れる」です。買ったものを表す lo（それ）がくっついています。
- ¿Puede meterlo en una bolsa de papel?_{プエデ　メテルロ　エン　ウナ　ボルサ　デ　パペル}

　紙袋に入れてもらえますか？
- ¿Puede meterlo en otra bolsa?_{プエデ　メテルロ　エン　オトラ　ボルサ}

　別の袋に入れてもらえますか？

衣料品の買い物で使えるフレーズ

衣料品の店は tienda de ropa と言います。異国の地で、思い切って
大胆なデザイン（diseño）のものを選んでみては？

\\\ ブティックでネクタイを選ぶ //

ティエネン　　コルバタス　デ　セダ
¿Tienen corbatas de seda?

絹のネクタイはありますか？

シ　デ　ケ　コロル　ラス　デセア
Sí. ¿De qué color las desea?

はい。何色をお求めですか？

ノ　ロ　エ　デシディド
No lo he decidido.

決めていません。

プエド　　プロバル
¿Puedo probar?

試してみていいですか？

「〜はありますか？」をたずねるのは、"**¿Tienen 〜 ?**"。生地のことを表現するには、
前置詞 de を使います。

- de algodón　綿の
- de lana　ウールの
- de cuero　皮の
- de fibra sintética　合成繊維の

フレーズ 1　試着したものを鏡で確認する

メ　　グスタリア　　ベルメ　エン　ウン　エスペホ
Me gustaría verme en un espejo.

鏡を見たいです。

プラスα　「〜したいです」をていねいに言うときには “Me gustaría 〜 ” が使えます。ver（見る）に me（私を）がついて、「自分自身を見る」という意味になります。

フレーズ 2　サイズについてたずねる

ロ　ティエネン　エン　ウナ　タジャ　マス　ペケニャ
¿Lo tienen en una talla más pequeña?

もう1サイズ小さいのはありますか？

表現　talla は「サイズ」です。「Mサイズ」は la talla M、「もう1サイズ大きいもの」は、una talla más grande となります。

フレーズ 3　色違いについてたずねる

ロ　ティエネン　デ　オトロ　コロル
¿Lo tienen de otro color?

ほかの色はありますか？

語彙　「ほかの〜」は、otro を使って表すことができます。
otro tipo　ほかのタイプ／ otro diseño　ほかのデザイン
／ otra marca　ほかのブランド

フレーズ 4　お店の中で見て楽しんでいるだけのとき

ソラメンテ　エストイ　ミランド　グラシアス
Solamente estoy mirando, gracias.

見ているだけです。ありがとう。

文化　特に探しているものがなくて、話しかけられて困るようだったらこのように言いましょう。試着などをした後で、やはり買わないというときには、次のように言ってもよいでしょう。
ベンドレ　オトラ　ベス
● Vendré otra vez.　また来ます。

買い物の支払いで使えるフレーズ

スペインでは多くの店でクレジットカード（tarjeta de crédito）が
使えます。でも、買いすぎには注意ですよ。

\\ カード払いについて店員にたずねる //

Me llevo esta. ¿Puedo pagar con tarjeta de crédito?

これにします。クレジットカードは使えますか？

Por supuesto. ¿Un solo pago o a plazos?

もちろんです。一括にしますか、分割にしますか？

Un solo pago, por favor.

一括でお願いします。

クレジットカードを使うときには、サイン firma よりも、テンキーで暗証番号
（PIN）を押せば OK という場合が多いです。「現金で支払う」ことは、pagar en
efectivo と言います。

フレーズ 1　レシートを出してもらう

デメ　ウン　レシボ　ポル　ファボル
Deme un recibo, por favor.

レシートをください。

表現 Deme は、動詞 dar（与える）の命令形に me（私に）がくっついた形です。

フレーズ 2　商品の交換をお願いする

セ　プエデ　カンビアル
¿Se puede cambiar?

交換してもらえますか？

プラスα "¿Se puede ～ ?" で、「（一般的に）～できますか？」とたずねる表現になります。

フレーズ 3　袋をお願いする

プエデ　ダルメ　ウナ　ボルサ　デ　プラスティコ
¿Puede darme una bolsa de plástico?

ビニール袋をもらえますか？

語彙 una bolsa de plástico を次のように入れ替えることもできます。
紙袋　una bolsa de papel ／箱　una caja ／包装紙　papel de regalo
／リボン　una cinta

フレーズ 4　ラッピングをお願いする

プエデ　エンボルベルロ　パラ　レガロ
¿Puede envolverlo para regalo?

プレゼント用に包んでもらえますか？

表現 envolver は「包む」、regalo は「贈り物、プレゼント」の意味です。

143

partido
バルティド
試合

tienda
ティエンダ
ショップ

folleto
フォジェト
パンフレット

estadio
エスタディオ
スタジアム

¿Ustedes son turistas también?
ウステデス　ソン　トゥリスタス　タンビエン

あなたたちも旅行者ですか？

jugador
フガドル
選手

seguidor
セギドル
ファン

autógrafo
アウトグラフォ
サイン

145

🔊))) DL 4_18

チケット売り場で使えるフレーズ

チケット売り場のことを taquilla（タキージャ）と言います。主な観光地では英語が通じるはずですが、せっかくならスペイン語で会話してみましょう！

＼＼ 美術館のチケットを購入する ／／

ウナ　エントラダ　デ　アドゥルト　イ　ドス　インファンティレス　ポル　ファボル
Una entrada de adulto y dos infantiles, por favor.
大人１枚と子ども２枚のチケットをお願いします。

デ　アクエルド
De acuerdo.
かしこまりました。

アイ　　アウディオギア　エン　ハポネス
¿Hay audioguía en japonés?
日本語の音声ガイドはありますか？

　スペインは芸術の国。美術館のサービスもとても充実しています。チケットを購入するときには、次の単語もよく使います。

● tarifa de estudiante　学生料金
（タリファ　デ　エストゥディアンテ）
● gratuita　無料
（グラトゥイタ）

● reducida　割引
（レドゥシダ）
● miembro　会員
（ミエンブロ）

フレーズ 1 安いチケットをお願いする

デセアリア　ラ　タリファ　メノス　カラ
Desearía la tarifa menos cara.

いちばん安い席をお願いします。

表現 スポーツや舞台の鑑賞など、席のチケットを求めるときなどに。caro(a) は「高い」という意味ですが、la menos cara で、「最も高くない席」となります。逆に「いちばん高い席」を希望する場合は、la más cara です。

プラスα スポーツ観戦などで当日券がほしいときは、次のように言います。
- ¿Se puede comprar entradas el mismo día?　当日券はありますか？

 フレーズ 2 チケット2枚を隣同士で購入する

デセアリアモス　　ドス　　アシエントス　　コンティグオス
Desearíamos dos asientos contiguos.

隣同士の席を2枚ください。

プラスα 「隣り合わせで座りたい」ということを伝えるなら、"Queremos sentarnos uno al lado del otro." とも言えます。
「離れる」は separar、「離れた席」は asientos separados となります。

 フレーズ 3 パンフレットをお願いする

プエデ　ダルメ　ウン　フォジェト
¿Puede darme un folleto?

パンフレットをもらえますか？

表現 "¿Puede darme ～ ?" で「～をもらえますか？」です。
- ¿Puede darme un folleto en inglés?　英語のパンフレットをもらえますか？
- ¿Puede darme un plano?　　　　　地図をもらえますか？

 フレーズ 4 コインロッカーについてたずねる

アイ　　コンシグナ　　アウトマティカ
¿Hay consigna automática?

コインロッカーはありますか？

プラスα consigna は「手荷物預かり所」のこと。automático(a) は「自動の」です。「荷物は預けられますか？」と聞くなら、"¿Podemos consignar el equipaje?" です。

写真を撮るときに使えるフレーズ

旅行と言えば写真（foto）！ ですよね。
今では動画（video）に思い出を残すことも簡単になりました。

\\ 写真についてたずねる //

ベルドン　ポデモス　サカル　フォトス　アキ
Perdón, ¿podemos sacar fotos aquí?
すみません、ここで写真を撮ってもいいですか？

ポル　スプエスト　レス　アジュド
Por supuesto. ¿Les ayudo?
もちろん。お手伝いしましょうか？

シ　ポル　ファボル
Sí, por favor.
はい、お願いします。

　写真を撮る楽しさは万国共通ですが、撮ってもよい場所かどうかはその国の文化によって、基準が異なります。失礼のないように、心配だったら現地の人に声をかけるようにしましょう。

ポデモス　グラバル　ビデオ
● **¿Podemos grabar vídeo?**
ビデオ撮影をしてもいいですか？

ポデモス　ウサル　フラシュ
● **¿Podemos usar flash?**
フラッシュを使ってもいいですか？

148

写真の撮影をお願いする

プエデ　サカルメ　ウナ　フォト
¿Puede sacarme una foto?

（私の）写真を撮っていただけますか？

表現 だれかに写真撮影をお願いするときの言い方です。usted（あなた）が、写真を「私に」
(me) 撮る、という文の構造です。

写真を一緒に撮ってもらえるかたずねる

ポデモス　サカルノス　ウナ　フォト　コン　ウステデス
¿Podemos sacarnos una foto con ustedes?

一緒に写真を撮ってもいいですか？

表現 主語が「私たち」なので、sacar（撮る）に nos（私たちを）が付きます。con
ustedes で「あなたたちと一緒に」ですが、「あなたと一緒に」は con usted、「君
と一緒に」は contigo です。

場所を指定して撮影をお願いする

プエデ　サカルメ　ウナ　フォト　コン　エル　レトレロ
¿Puede sacarme una foto con el letrero?

看板と一緒に撮ってもらえますか？

プラス α 「あなた」（usted）に対して、自分の写真を撮ってもらう場合です。自分たちが複数の
場合は、sacarnos となります。

語彙 con la estatua　像と一緒に／ con el edificio　建物と一緒に
／ con la comida　料理と一緒に／ con la bandera　旗と一緒に
／ con todo el paisaje　風景全体と一緒に

もう一度撮ってもらうようにお願いする

プエデ　サカルラ　オトラ　ベス　ボル　ファボル
¿Puede sacarla otra vez, por favor?

すみません、もう1回撮っていただけますか？

文化 por favor をつけましょう。スペイン語で頼めばきっといやな顔はされませんよ！

149

現地の人との会話で使えるフレーズ

・・・

旅行先で親しくなった人と、スペイン語で会話（conversación）！
アクセントのあるところを強く長く発音すると、通じやすいですよ。

_{コンベルサシオン}

\\ **現地の人とスペイン語で会話する** //

ウステデス　ソン　トゥリスタス　タンビエン
¿Ustedes son turistas también?
　　あなたたちも旅行者ですか？

エスタ　エス　ラ　プリメラ　ベス　ケ　ベニモス　ア　マドリー
Esta es la primera vez que venimos a Madrid.
　　　　マドリードに来るのは初めてです。

ペロ　　ソン　　エスパニョレス　　ベルダー
Pero son españoles, ¿verdad?
　　でもスペイン人ですよね？

シ　　ビビモス　　エン　　サラゴサ
Sí. Vivimos en Zaragoza.
　　ええ。サラゴサに住んでいるんです。

　観光地には、スペイン国内や、ほかのスペイン語圏からも多くの人が訪れます。スペイン語で会話をする機会はきっと多いはずですよ。出身を表す ser de は、62 ページを復習してください。
_{セル　デ}

　" ～ , ¿verdad?" は、「～ですよね？」と確認するときに便利な表現です。
_{ベルダー}

スペインに来た理由を話す

He venido a España para ver el partido del Real Madrid.
エ ベニード ア エスパニャ パラ ベル エル パルティド デル レアル マドリー

レアルマドリードの試合を見るためにスペインに来ました。

文化 ファン同士、好きなものが同じ者同士は、友だちになりやすいもの。前置詞 para パラ を使って「〜のためにスペインに来た」ことを表すことができます。

- para estudiar bellas artes　　美術を学ぶために
  パラ エストゥディアル ベジャス アルテス
- para tomar clase de flamenco　フラメンコのレッスンを受けるために
  パラ トマル クラセ デ フラメンコ
- para visitar la Sagrada Familia　サグラダファミリアを訪れるために
  パラ ビシタル ラ サグラダ ファミリア

 スペイン語を勉強していることを伝える

Estudio español a distancia.
エストゥディオ エスパニョル ア ディスタンシア

通信講座でスペイン語を勉強しています。

 distancia は「距離」のことで、a distancia ア ディスタンシア で「通信で、遠隔で」という意味になります。

語彙 por la radio ラジオで／en una academia de idiomas 語学スクールで
ポル ラ ラディオ　　　　　　　　エン ウナ アカデミア デ イディオマス
／sin maestro 独学で
シン マエストロ

 ゆっくり話してもらうようにお願いする

¿Más despacio, por favor?
マス デスパシオ ポル ファボル

もっとゆっくり話してもらえますか？

表現 despacio は「ゆっくりと」。más マス が付くことで、「もっとゆっくりと」になります。
más alto もっと大きな声で／más fácilmente もっと簡単に
マス アルト　　　　　　　　　　マス ファシルメンテ
／más detalladamente もっと詳しく
マス デタジャダメンテ

 喜んでいることを伝える

Me alegro mucho de poder hablar en español.
メ アレグロ ムチョ デ ポデル アブラル エン エスパニョル

スペイン語で話すことができてとてもうれしいです。

表現 「〜でうれしい」は再帰動詞と前置詞の組み合わせ、"alegrarse de 〜" で表します。
アレグラルセ デ
de conocerte 君と知り合えて／de venir aquí ここに来られて
デ コノセルテ　　　　　　　　　デ ベニル アキ
／de charlar contigo 君とおしゃべりできて
デ チャルラル コンティゴ

151

despertarse
デスペルタルセ

目覚める

levantarse
レバンタルセ

起きる（体を起こす）

cepillarse los dientes
セピジャルセ　　　ロス　　ディエンテス

歯を磨く

lavarse
ラバルセ

（体や顔を）洗う

afeitarse
アフェイタルセ

ひげをそる

peinarse
ペイナルセ

髪をとかす

ducharse
ドゥチャルセ

シャワーを浴びる

cambiarse
カンビアルセ

着替える

ponerse
ポネルセ

身につける

Hace buen tiempo hoy.
アセ　　ブエン　ティエンポ　オイ

今日はいい天気だ。

desayunar
デサジュナル

朝食をとる

salir
サリル

家を出る

152

comer
コメル
昼食をとる

descansar
デスカンサル
休憩する

¿Qué día es hoy?
ケ ディア エス オイ
今日は何日だっけ？

Es veintinueve de mayo.
エス ベインティヌエベ デ マジョ
5月29日だよ。

regresar a casa
レグレサル ア カサ
帰る

acostarse
アコスタルセ
横になる

bañarse
バニャルセ
入浴する

relajarse
レラハルセ
リラックスする

¿Te duchas por la mañana?
テ ドゥチャス ボル ラ マニャナ
きみは朝にシャワーを浴びるの？

cenar
セナル
夕食をとる

dormir
ドルミル
眠る

Yo me ducho cuando regreso a casa.
ジョ メ ドゥチョ クアンド レグレソ ア カサ
僕は家に帰ったときだね。

日付や時間を表すフレーズ

日付（fecha）や時刻（hora）を表す表現を覚えましょう。

\\ 日付をたずねる //

> ケ　ディア　エス　オイ
> **¿Qué día es hoy?**
> 今日は何日だっけ？

> エス　ベインティヌエベ　デ　マジョ
> **Es veintinueve de mayo.**
> 5月29日だよ。

> アイ　　テンゴ　ウナ　シタ　ラ　　ペリクラ　　エンピエサ　ア　ラス　トレス
> **Ay, tengo una cita. ¡La película empieza a las tres!**
> しまった、デートがあった。映画が3時に始まるんだ！

　　日付や曜日をたずねる表現は、"¿Qué día es hoy?" です。日付も曜日も同じ言い方ですが、曜日のことだとはっきりさせたい場合は、次のようにも言えます。

　　　　　　ケ　ディア　デ　ラ　　セマナ　エス　オイ
● **¿Qué día de la semana es hoy?**
今日は何曜日（週の何日）ですか？

154

日付と曜日を伝える

<ruby>Hoy<rt>オイ</rt></ruby> <ruby>es<rt>エス</rt></ruby> <ruby>viernes,<rt>ビエルネス</rt></ruby> <ruby>veintisiete<rt>ベインティシエテ</rt></ruby> <ruby>de<rt>デ</rt></ruby> <ruby>marzo.<rt>マルソ</rt></ruby>

3月27日、金曜日です。

 曜日と日付を一緒に言うときは、曜日が先になります。

今の時間をたずねる

<ruby>¿Qué<rt>ケ</rt></ruby> <ruby>hora<rt>オラ</rt></ruby> <ruby>es?<rt>エス</rt></ruby>

（今）何時ですか?

 時計を持っている人に "¿Qué hora tiene?" とたずねる表現もあります。

今の時刻を答える

<ruby>Son<rt>ソン</rt></ruby> <ruby>las<rt>ラス</rt></ruby> <ruby>tres<rt>トレス</rt></ruby> <ruby>y<rt>イ</rt></ruby> <ruby>media.<rt>メディア</rt></ruby>

3時半です。

 時刻の表し方は、1時なら "Es la una." 2時〜12時は "Son las ＋数字" です。

「○分」「○時半（30分）」などは、次のように表します。
- Es la una y cinco.　　　　　1時5分です。
- Es la una y cuarto.　　　　　1時15分です。（cuarto は4分の1のことです。）
- Es la una y media.　　　　　1時半です。
- Son las dos menos cuarto.　　1時45分です。
- Son las dos menos dos.　　　1時58分です。

特定の時間をたずねる

<ruby>¿A<rt>ア</rt></ruby> <ruby>qué<rt>ケ</rt></ruby> <ruby>hora<rt>オラ</rt></ruby> <ruby>tengo<rt>テンゴ</rt></ruby> <ruby>que<rt>ケ</rt></ruby> <ruby>regresar?<rt>レグレサル</rt></ruby>

私は何時に戻らなければなりませんか?

 現在の時刻ではなく、何かをしたり、何かが起こったりする時刻をたずねるのは
"¿A qué hora 〜 ?" です。

CAPÍTULO 4

これで旅行もバッチリ! 場面定番フレーズ

155

天候を表すフレーズ

旅行のときは、もちろん天気（tiempo^{ティエンポ}）が気になりますよね。
スペイン語では、hacer^{アセル} を使って多くの天候を表します。

\\ 天候について会話する //

アセ　ブエン　ティエンポ　オイ
Hace buen tiempo hoy.
今日はいい天気だ。

シ　ボル　ケ　ノ　バモス　アル　バルケ　デル　レティロ
Sí. ¿Por qué no vamos al Parque del Retiro?
そうね。レティーロ公園に行かない？

エス　ブエナ　イデア　バ　ア　ジョベル　マニャナ
Es buena idea. Va a llover mañana.
いいね。明日は雨が降るよ。

hacer^{アセル} は「作る」「～する」などの意味をもつ動詞ですが、天候を表すときにも使われれます。

「雨が降る」は llover^{ジョベル}、「雪が降る」は nevar^{ネバル} です。どちらも 3 人称単数の形で使います。

ノ　ジュエベ　ムチョ　エン　エステ　オトニョ
● **No llueve mucho en este otoño.**
この秋は雨が少ない。

エン　エル　ノルデステ　デ　ハポン　ニエバ　ムチョ
● **En el nordeste de Japón nieva mucho.**
日本の東北では雪がたくさん降る。

フレーズ 1 今日の天気をたずねる

ケ　ティエンポ　アセ　オイ

¿Qué tiempo hace hoy?

今日はどんな天気ですか？

 天候をたずねる表現です。未来のことを表す "ir a ＋動詞の原形（不定詞）" を使って、明日のことは、次のように言えます。

ケ　ティエンポ　バ　ア　アセル　マニャナ
● ¿Qué tiempo va a hacer mañana?　　明日はどんな天気ですか？

 フレーズ 2 天気を表現する

アセ　　　ムチョ　　　ソル

Hace mucho sol.

とても晴れています。

 sol とは太陽のこと。"Hace sol." は、「太陽が出ている」つまり「晴れている」という意味です。hacer を使った表現には、ほかにもいろいろあります。

語彙 ● Hace calor.　暑いです。　　　　● Hace frío.　寒いです。
アセ　ビエント
　　　● Hace viento.　風が吹いています。

 フレーズ 3 ひどい天気を嘆く

ケ　マル　ティエンポ

¡Qué mal tiempo!

なんてひどい天気なんだ！

 「なんて〜なんだ！」と嘆くときの文は、"¡Qué 〜 !" です。tiempo の後に、hace が省略されています。

 フレーズ 4 感じている暑さについて表現する

テネモス　　　ムチョ　　　カロル

Tenemos mucho calor.

ずいぶん暑いなあ。

 天候として暑いのではなく、「だれかが暑く感じている」ことを表すには、動詞 tener を使います。calor（暑さ）と frío（寒さ）に使えます。

ティエネス　フリオ　　　　　　　　　　　　　ノ　テンゴ　カロル
● ¿Tienes frío?　寒いかい？　➡ No. Tengo calor.　いいえ、暑いです。

157

時間の流れを取り入れたフレーズ

「〜した後で…する」や「もし〜なら…する」など、
2つの事がらをつなげてみましょう。

\\ 物事を行うときをたずねる //

テ　ドゥチャス　ポル　ラ　マニャナ
¿Te duchas por la mañana?

きみは朝にシャワーを浴びるの？

シ　メ　ドゥチョ　アンテス　デ　デサジュナル　イ　トゥ
Sí. Me ducho antes de desayunar. ¿Y tú?

そうだよ。朝食の前にね。きみは？

ジョ　メ　ドゥチョ　クアンド　レグレソ　ア　カサ
Yo me ducho cuando regreso a casa.

僕は家に帰ったときだね。

　　テ　ドゥチャス　　メ　ドゥチョ　　　　　　　　　　　　　　　　　ドゥチャルセ
te duchas、me ducho は、いずれも ducharse（シャワーを浴びる）の活用形です。
　ここに出てきた文をつなぐ表現は、antes de（〜の前に）と cuando（〜するとき
に）の2つ。antes de の後は動詞は原形（不定詞）、cuando の後は動詞は活用した形
になります。

ティエネス　ケ　セピジャルテ　ロス　ディエンテス　アンテス　デ　ドルミル
● **Tienes que cepillarte los dientes antes de dormir.**

寝る前に歯を磨かなくてはなりませんよ。

ジェボ　ラス　ガファス　クアンド　トラバホ
● **Llevo las gafas cuando trabajo.**

私は仕事をするときはメガネをかけます。

フレーズ 1　後の予定を決める

バモス　ア　トマル　カフェ　デスプエス　デ　ベル　ラ　ペリクラ
Vamos a tomar café después de ver la película.

映画を見た後で、コーヒーを飲みに行こう。

 表現　「〜の後で」を表すのは、después de です。antes de とセットにして覚えましょう。

トモ　ラ　メディシナ　デスプエス　デ　コメル
- Tomo la medicina después de comer.　　食事の後で薬を飲む。

アンテス　デ　トマル　ラ　メディシナ　コモ
- Antes de tomar la medicina, como.　　薬を飲む前に、食事をする。

 フレーズ 2　因果関係を伝える

ジュエベ　ムチョ　ポル　エソ　ノ　キエロ　サリル
Llueve mucho, por eso no quiero salir.

雨がたくさん降っているので、出かけたくない。

 表現　「〜なので、〜だから」を表すのは por eso です。por lo tanto という表現もあります。

ジャ　エス　タルデ　ポル　ロ　タント　ボイ　ア　ドルミル
- Ya es tarde, por lo tanto voy a dormir.

もう遅いから、寝ることにするよ。

 フレーズ 3　理由を伝える

レグレソ　テンプラノ　ポルケ　オイ　エス　ミ　クンプレアニョス
Regreso temprano porque hoy es mi cumpleaños.

今日は僕の誕生日だから、早く帰るよ。

プラス α　理由を表すのは porque です。como も同じように理由を表し、「〜なので」という
意味になります。

コモ　テンゴ　カロル　キエロ　ベベル　アルゴ　フリオ
- Como tengo calor, quiero beber algo frío.

暑いから、何か冷たいものを飲みたいな。

 フレーズ 4　仮定について話す

シ　ニエバ　ムチョ　キエロ　イル　ア　エスキアル
Si nieva mucho, quiero ir a esquiar.

もし雪がたくさん降れば、スキーに行きたいです。

 プラス α　「もし〜」を表すのは si です。si の後は、未来のことでも現在形です。

シ　アセ　ブエン　ティエンポ　マニャナ　バモス　ア　ラ　プラジャ
- Si hace buen tiempo mañana, vamos a la playa.

もし明日いい天気だったら、ビーチに行きましょう。

incendio
インセンディオ
火災

DL 4_25

escalera de emergencia
エスカレラ　デ　エメルヘンシア
非常階段

accidente
アクシデンテ
事故

bombero
ボンベロ
消防士

extintor
エクスティントル
消火器

coche de bomberos
コチェ　デ　ボンベロス
消防車

ladrón
ラドロン
泥棒

víctima
ビクティマ
被害者

delincuente
デリンクエンテ
犯人

policía
ポリシア
警察

160

dentista
歯科医

¿Qué le pasa?
どうしましたか？

enfermera
看護師

hospital
病院

enfermo
病人

Tengo dolor de estómago.
おなかが痛いのです。

receta
処方箋

farmacia
薬局

困っていることを表すフレーズ

旅ではトラブル（problema プロブレマ）が起こることもあります。

解決できれば、いい思い出になるはず。落ち着いて対処しましょう。

\\ バスのチケットの払い戻しについてたずねる //

ベルドン　ドンデ　エスタ　ラ　バラダ　デル　アウトブス　バラ　マラガ
Perdón, ¿dónde está la parada del autobús para Málaga?

すみません、マラガ行きのバス乗り場はどこですか？

バラ　マラガ　ジャ　ア　サリド
¿Para Málaga? Ya ha salido.

マラガ行き？　もう行ってしまいましたよ。

ケ　ペナ　プエデ　レエンボルサルメ　エル　ビジェテ
¡Qué pena! ¿Puede reembolsarme el billete?

なんてこと！　払い戻ししてもらえますか？

予約していた乗り物に乗れなかったり、切符を間違えてしまったり。そんなときには、払い戻しができるかたずねてみましょう。

reembolsar レエンボルサル は「払い戻す、返金する」という意味で、相手が主語になります。

カンビアル　エル　ビジェテ
● **cambiar el billete**　チケットを交換する

カンセラル　ラ　レセルバ
● **cancelar la reserva**　予約をキャンセルする

アプラサル　エル　ビアヘ
● **aplazar el viaje**　旅行を延期する

フレーズ 1 道に迷ったと伝える

> メ エ ベルディド
> # Me he perdido.
> 道に迷いました。

表現 perder は「失う」という意味ですが、perderse と再帰動詞になることで、自分自身を失う、つまり「道に迷う」の意味になります。

プラスα 行きたい場所がわかっているなら、次のように言いましょう。
- Querría ir a Casa del Libro. 　カサ・デル・リブロ（書店）に行きたかったのですが。

 フレーズ 2 お釣りが足りないと伝える

> バレセ ケ ファルタ エル カンビオ
> # Parece que falta el cambio.
> お釣りが足りないようです。

表現 "Parece que 〜" は「〜のようだ」を表します。faltar は「不足している」、cambio は「お釣り」です。

 フレーズ 3 ケガをしたと伝える

> メ エ エチョ ウナ エリダ
> # Me he hecho una herida.
> ケガをしました。

表現 herida は「傷」です。「自分自身に傷を作った」という文の構造です。

 フレーズ 4 自分の責任ではないと伝える

> ノ エス ミ クルパ
> # No es mi culpa.
> 私の責任ではありません。

プラスα culpa は「あやまち、その責任」を意味します。逆に、相手に責任があるときは、次のように言うことができます。
- Es la culpa tuya. 　それはあなたの責任です。

病院や薬局で使えるフレーズ

病気（enfermedad）やけが（herida）を
してしまったときに使える表現です。

\\ おなかが痛いことを伝える //

¿Qué le pasa?
どうしましたか？

Tengo dolor de estómago.
おなかが痛いのです。

¿Desde cuándo?
いつからですか？

病院で medico(a)（医師）が「どうしましたか？」と聞くとき動詞 pasar を使います。
pasar は「通る、過ぎる、起こる」などの意味を持ち、ここでは le（あなた）に対して
何が起こったのか、と聞いています。
"Tengo dolor de 〜" は、直訳すると「〜の痛みをもっている」、つまり「〜が痛い」
という意味になります。

- Tengo dolor de cabeza. 頭が痛い。
- Tengo dolor de garganta. のどが痛い。
- Tengo dolor de muelas. 歯が痛い。

発熱を伝える

テンゴ　　フィエブレ
Tengo fiebre.

熱があります。

 動詞 tener を使って、いろいろな症状を表すことができます。
テネル

 アレルギーについて伝える

テンゴ　　アレルヒア　アル　　カングレホ
Tengo alergia al cangrejo.

カニのアレルギーがあります。

 tener の後に続けられる表現には次のようなものがあります。
テネル
エスカロフリオス　　　　　　　トス　　　　　　ナウセアス　　　　　　　マレオス
escalofríos　寒気／ tos　咳／ náuseas　吐き気／ mareos　めまい
ディアレア
／ diarrea　下痢

 ふだん服用している薬について伝える

シエンプレ　　　トモ　　　メディシナ　　　パラ　ラ　　イペルテンシオン
Siempre tomo medicina para la hipertensión.

いつも高血圧の薬を飲んでいます。

 medicina が「薬」です。para の後に病名を続けると、「〜のための薬」という意味になります。

アスマ　　　　　　　　　　　　アネミア　　　　　　　　　ディアベテス　　　　　　　　デプレシオン
asma　ぜん息／ anemia　貧血／ diabetes　糖尿病／ depresión　うつ病
レウマティスモ
／ reumatismo　リウマチ

 女性特有の状態について伝える

エストイ　　　　　エンバラサダ
Estoy embarazada.

妊娠中です。

 「生理中です」は tener を使って、tener la regla と言います。
テネル　　　　　　　　　　　　　　テネル　ラ　レグラ

盗難・紛失などのトラブルで使えるフレーズ

被害に遭わないに越したことはありませんが、盗難（robo）や
紛失（pérdida）に関する表現も、念のために覚えておきましょう。

＼ パスポートの紛失を伝える ／

> エ　ベルディド　ミ　パサポルテ
> **He perdido mi pasaporte.**
> パスポートをなくしました。

レ　アセモス　ウン　セルティフィカド　イ　ティエネ　ケ　ジェバルロ　ア　ラ　エンバハダ
Le hacemos un certificado. Y tiene que llevarlo a la embajada.
書類を作ります。そして、それを大使館に持っていかなくてはなりません。

　被害にあったり、何か紛失したりしたことを伝えるには、そのことが現在にも影響を
与えているわけですから、現在完了形を使います。perder が「失う」という動詞です。
　llevarlo は、lleva（持っていく）という動詞の原形に代名詞の lo（それを）が付いた
ものです。
　旅行先で被害にあったときは、自分の携帯が使えないこともあります。そんなとき、
周りの人に次のように声をかけましょう。

ジャメ　ア　ラ　ポリシア
● **Llame a la policía.**　警察に電話してください。

プエデ　プレスタルメ　ス　モビル
● **¿Puede prestarme su móvil?**　携帯を貸してもらえますか？

被害について伝える

メ　アン　ロバド　ラ　カルテラ
Me han robado la cartera.

財布を盗まれました。

 「私に対して（Me）不特定のだれかが財布（la cartera）を盗んだ」という構造です。

 dinero　お金／ bolso　ハンドバッグ／ móvil　携帯電話／ tableta　タブレット
／ ordenador　パソコン

盗難の申告をする

エ　ベニド　ア　デヌンシアル　ウン　ロボ
He venido a denunciar un robo.

盗難を申告しに来ました。

 denunciar は「訴え出る」。前置詞 a を使って、（警察署などに）来た目的を述べています。
robo は「盗み、窃盗」を表します。

忘れ物について

メ　エ　デハド　エル　パラグアス　エン エル トレン
Me he dejado el paraguas en el tren.

電車に傘を置き忘れました。

 dejar は「置いていく」。paraguas は「傘」で、単数形でも複数形でも同じ形です。

遺失物取扱所の所在をたずねる

ドンデ　エスタ　ラ　オフィシナ　デ　オブヘトス　ベルディドス
¿Dónde está la oficina de objetos perdidos?

遺失物取扱所はどこですか？

 objeto perdido が、「遺失物」のことです。電車やバスに忘れ物をしてしまったときは、
遺失物取扱所にもたずねてみましょう。

主な文法用語一覧

用　語		解説
1人称	いちにんしょう P.52, 58	「話し手」を示す。単数なら「私」、複数なら「私たち」。
2人称	ににんしょう P.54, 60	「聞き手」を示す。単数なら「君」、複数なら「君たち」。
3人称	さんにんしょう P.56, 62	「話し手」でもなく「聞き手」でもない者を示す。彼、彼女、それ、などに加えて、スペイン語の場合は聞き手が敬意の対象である場合の「あなた」も含まれる。
語尾	ごび P.88	語の最後の、活用する部分。特に、動詞の活用で変化する部分のこと。
不規則活用	ふきそくかつよう	規則的な活用からはずれた変化をすること。
語順	ごじゅん	文の中や句の中で、単語がどのような順番で並ぶかという法則のこと。
疑問詞	ぎもんし P.108, 109	「どこ？」「だれ？」など、疑問を表す単語。
形容詞	けいようし P.80, 93	名詞を修飾する語。スペイン語の場合、男女、単複で語尾が変化する。
副詞	ふくし P.66, 98	動詞や形容詞を修飾する語。
定冠詞	ていかんし P.22	名詞の前に置かれる冠詞のうち、話者同士が了解しているものにつける。

不定冠詞	ふていかんし P.22	名詞の前に置かれる冠詞のうち、聞き手が特定できないものにつける。
所有形容詞	しょゆうけいようし P.78	名詞の前について、所有者を表す語。「私の」「彼の」など。
指示形容詞	しじけいようし	名詞の前に置かれ、「この」「その」「あの」を示す。
指示代名詞	しじだいめいし P.92	名詞の代わりに「これ」「それ」「あれ」として使う。
指示副詞	しじふくし P.66	「ここに」「そこに」「あそこに」を示す。
前置詞	ぜんちし P.84, 100	単語の前に置かれ、その単語の役割を示す。「〜へ」「〜のために」「〜から」など。
直接目的語	ちょくせつもくてきご P.102	文の中で「だれを」や「何を」にあたる語。
間接目的語	かんせつもくてきご P.104	文の中で「だれに」や「何に」にあたる語。
不定詞	ふていし P.96, 100	動詞の活用していない形。原形と同じ。
再帰動詞	さいきどうし P.29	主語の行為が主語自身にはねかえってくる動詞の種類。動詞と再帰代名詞が組み合わさってなる。
現在分詞	げんざいぶんし	動詞を副詞のように用いる形。「今〜している…」を表す。
過去分詞	かこぶんし P.106	動詞を形容詞のように用いる形。「〜された…」を表す。

＊ P. ○は、その文法を扱う主なページを表す。

主な動詞の活用

ser　〜である

単数形		複数形	
yo	ソイ **soy**	nosotros/nosotras（女性のみ）	ソモス **somos**
tú	エレス **eres**	vosotros/vosotras （女性のみ）	ソイス **sois**
él / ella / usted	エス **es**	ellos / ellas / ustedes	ソン **son**

estar　いる、ある

単数形		複数形	
yo	エストイ **estoy**	nosotros/nosotras（女性のみ）	エスタモス **estamos**
tú	エスタス **estás**	vosotros/vosotras （女性のみ）	エスタイス **estáis**
él / ella / usted	エスタ **está**	ellos / ellas / ustedes	エスタン **están**

ir　行く

単数形		複数形	
yo	ボイ **voy**	nosotros/nosotras（女性のみ）	バモス **vamos**
tú	バス **vas**	vosotros/vosotras （女性のみ）	バイス **vais**
él / ella / usted	バ **va**	ellos / ellas / ustedes	バン **van**

tener　持っている

単数形		複数形	
yo	テンゴ **tengo**	nosotros/nosotras（女性のみ）	テネモス **tenemos**
tú	ティエネス **tienes**	vosotros/vosotras （女性のみ）	テネイス **tenéis**
él / ella / usted	ティエネ **tiene**	ellos / ellas / ustedes	ティエネン **tienen**

hablar　話す

単数形		複数形	
yo	アブロ **hablo**	nosotros/nosotras（女性のみ）	アブラモス **hablamos**
tú	アブラス **hablas**	vosotros/vosotras （女性のみ）	アブライス **habláis**
él / ella / usted	アブラ **habla**	ellos / ellas / ustedes	アブラン **hablan**

comer 食べる
コメル

単数形		複数形	
yo	como コモ	nosotros/nosotras（女性のみ）	comemos コメモス
tú	comes コメス	vosotros/vosotras（女性のみ）	coméis コメイス
él / ella / usted	come コメ	ellos / ellas / ustedes	comen コメン

vivir 住む
ビビル

単数形		複数形	
yo	vivo ビボ	nosotros/nosotras（女性のみ）	vivimos ビビモス
tú	vives ビベス	vosotros/vosotras（女性のみ）	vivís ビビス
él / ella / usted	vive ビベ	ellos / ellas / ustedes	viven ビベン

querer 欲しい
ケレル

単数形		複数形	
yo	quiero キエロ	nosotros/nosotras（女性のみ）	queremos ケレモス
tú	quieres キエレス	vosotros/vosotras（女性のみ）	queréis ケレイス
él / ella / usted	quiere キエレ	ellos / ellas / ustedes	quieren キエレン

hacer 作る
アセル

単数形		複数形	
yo	hago アゴ	nosotros/nosotras（女性のみ）	hacemos アセモス
tú	haces アセス	vosotros/vosotras（女性のみ）	hacéis アセイス
él / ella / usted	hace アセ	ellos / ellas / ustedes	hacen アセン

ver 見る
ベル

単数形		複数形	
yo	veo ベオ	nosotros/nosotras（女性のみ）	vemos ベモス
tú	ves ベス	vosotros/vosotras（女性のみ）	veis ベイス
él / ella / usted	ve ベ	ellos / ellas / ustedes	ven ベン

171

viajar 旅行する

単数形		複数形	
yo	ビアホ **viajo**	nosotros/nosotras (女性のみ)	ビアハモス **viajamos**
tú	ビアハス **viajas**	vosotros/vosotras (女性のみ)	ビアハイス **viajáis**
él / ella / usted	ビアハ **viaja**	ellos / ellas / ustedes	ビアハン **viajan**

poder ～できる

単数形		複数形	
yo	プエド **puedo**	nosotros/nosotras (女性のみ)	ポデモス **podemos**
tú	プエデス **puedes**	vosotros/vosotras (女性のみ)	ポデイス **podéis**
él / ella / usted	プエデ **puede**	ellos / ellas / ustedes	プエデン **pueden**

preparar 準備する

単数形		複数形	
yo	プレパロ **preparo**	nosotros/nosotras (女性のみ)	プレパラモス **preparamos**
tú	プレパラス **preparas**	vosotros/vosotras (女性のみ)	プレパライス **preparáis**
él / ella / usted	プレパラ **prepara**	ellos / ellas / ustedes	プレパラン **preparan**

ayudar 助ける

単数形		複数形	
yo	アジュド **ayudo**	nosotros/nosotras (女性のみ)	アジュダモス **ayudamos**
tú	アジュダス **ayudas**	vosotros/vosotras (女性のみ)	アジュダイス **ayudáis**
él / ella / usted	アジュダ **ayuda**	ellos / ellas / ustedes	アジュダン **ayudan**

invitar 招待する

単数形		複数形	
yo	インビト **invito**	nosotros/nosotras (女性のみ)	インビタモス **invitamos**
tú	インビタス **invitas**	vosotros/vosotras (女性のみ)	インビタイス **invitáis**
él / ella / usted	インビタ **invita**	ellos / ellas / ustedes	インビタン **invitan**

venir 来る

単数形		複数形	
yo	ベンゴ **vengo**	nosotros/nosotras (女性のみ)	ベニモス **venimos**
tú	ビエネス **vienes**	vosotros/vosotras (女性のみ)	ベニス **venís**
él / ella / usted	ビエネ **viene**	ellos / ellas / ustedes	ビエネン **vienen**

entrar 入る
エントラル

単数形		複数形	
yo	エントロ **entro**	nosotros/nosotras（女性のみ）	エントラモス **entramos**
tú	エントラス **entras**	vosotros/vosotras（女性のみ）	エントライス **entráis**
él / ella / usted	エントラ **entra**	ellos / ellas / ustedes	エントラン **entran**

pagar 支払う
パガル

単数形		複数形	
yo	パゴ **pago**	nosotros/nosotras（女性のみ）	パガモス **pagamos**
tú	パガス **pagas**	vosotros/vosotras（女性のみ）	パガイス **pagáis**
él / ella / usted	パガ **paga**	ellos / ellas / ustedes	パガン **pagan**

dar 与える
ダル

単数形		複数形	
yo	ドイ **doy**	nosotros/nosotras（女性のみ）	ダモス **damos**
tú	ダス **das**	vosotros/vosotras（女性のみ）	ダイス **dais**
él / ella / usted	ダ **da**	ellos / ellas / ustedes	ダン **dan**

comprar 買う
コンプラル

単数形		複数形	
yo	コンプロ **compro**	nosotros/nosotras（女性のみ）	コンプラモス **compramos**
tú	コンプラス **compras**	vosotros/vosotras（女性のみ）	コンプライス **compráis**
él / ella / usted	コンプラ **compra**	ellos / ellas / ustedes	コンプラン **compran**

esperar 待つ
エスペラル

単数形		複数形	
yo	エスペロ **espero**	nosotros/nosotras（女性のみ）	エスペラモス **esperamos**
tú	エスペラス **esperas**	vosotros/vosotras（女性のみ）	エスペライス **esperáis**
él / ella / usted	エスパラ **espera**	ellos / ellas / ustedes	エスペラン **esperan**

salir 去る
サリル

単数形		複数形	
yo	サルゴ **salgo**	nosotros/nosotras（女性のみ）	サリモス **salimos**
tú	サレス **sales**	vosotros/vosotras（女性のみ）	サリス **salís**
él / ella / usted	サレ **sale**	ellos / ellas / ustedes	サレン **salen**

主な動詞の活用

覚えておくと便利な基本単語

◆ 日付・曜日・時間 ◆

今日	<small>オイ</small> hoy	昨日	<small>アジェル</small> ayer
おととい	<small>アンテアジェル</small> anteayer	明日	<small>マニャナ</small> mañana
あさって	<small>パサド マニャナ</small> pasado mañana	昨晩	<small>アノチェ</small> anoche
月曜日	<small>ルネス</small> lunes	火曜日	<small>マルテス</small> martes
水曜日	<small>ミエルコレス</small> miércoles	木曜日	<small>フエベス</small> jueves
金曜日	<small>ビエルネス</small> viernes	土曜日	<small>サバド</small> sábado
日曜日	<small>ドミンゴ</small> domingo	今年	<small>エステ アニョ</small> este año
去年	<small>エル アニョ パサド</small> el año pasado	来年	<small>エル アニョ プロクシモ</small> el año próximo
午前中に	<small>ポル ラ マニャナ</small> por la mañana	午後に	<small>ポル ラ タルデ</small> por la tarde
夜に	<small>ポル ラ ノチェ</small> por la noche		

◆ 月・季節 ◆

春	<small>プリマベラ</small> primavera	夏	<small>ベラノ</small> verano
秋	<small>オトニョ</small> otoño	冬	<small>インビエルノ</small> invierno
1月	<small>エネロ</small> enero	2月	<small>フェブレロ</small> febrero
3月	<small>マルソ</small> marzo	4月	<small>アブリル</small> abril
5月	<small>マジョ</small> mayo	6月	<small>フニオ</small> junio
7月	<small>フリオ</small> julio	8月	<small>アゴスト</small> agosto
9月	<small>セプティエンブレ</small> septiembre	10月	<small>オクトゥブレ</small> octubre
11月	<small>ノビエンブレ</small> noviembre	12月	<small>ディシエンブレ</small> diciembre

◆ 家族・友だち ◆

祖父	<small>アブエロ</small> abuelo	祖母	<small>アブエラ</small> abuela
父	<small>パドレ</small> padre	母	<small>マドレ</small> madre
夫	<small>マリド</small> marido	妻	<small>エスポサ</small> esposa
息子	<small>イホ</small> hijo	娘	<small>イハ</small> hija
おじ	<small>ティオ</small> tío	おば	<small>ティア</small> tía
子ども	<small>ニニョ(ニャ)</small> niño(a)	両親	<small>パドレス</small> padres
兄弟	<small>エルマノ</small> hermano	姉妹	<small>エルマナ</small> hermana
おい	<small>ソブリノ</small> sobrino	めい	<small>ソブリナ</small> sobrina
いとこ	<small>プリモ(マ)</small> primo(a)	赤ちゃん	<small>ベベ</small> bebé
義父	<small>スエグロ</small> suegro	義母	<small>スエグラ</small> suegra

◆ からだの部位 ◆

頭	カベサ cabeza	肩	オンブロ hombro
胸	ペチョ pecho	背中	エスパルダ espalda
ウエスト	シントゥラ cintura	お尻	トラセロ traserao
ひざ	ロディジャ rodilla	脚	ピエルナ pierna
足	ピエ pie	足首	トビジョ tobillo
かかと	タロン talón	つま先	プンタ デル ピエ punta del pie

◆ 顔の部位 ◆

顔	カラ cara	髪の毛	ペロ カベジョ pelo / cabello
ひたい	フレンテ frente	目	オホ ojo
眉毛	セハ ceja	まつ毛	ペスタニャ pestaña
鼻	ナリス nariz	口	ボカ boca
耳	オレハ oreja	唇	ラビオ labio
首	クエジョ cuello	あご	マンディブラ mandíbula

◆ 乗り物 ◆

スペインの新幹線	アベ アルタ ベロシダッ エスパニョラ AVE(Alta Velcidad Española)		
電車・列車	トレン tren	駅	エスタシオン estación
地下鉄	メトロ metro	路面電車	トランビア tranvía
タクシー	タクシ taxi	タクシー乗り場	パラダ デ タクシス parada de taxis
ケーブルカー	フニクラル funicular	ロープウェイ	テレフェリコ teleférico
バス	アウトブス autobús	バス停	パラダ デ アウトブス parada de autobús
自転車	ビシクレタ bicicleta	切符	ビジェテ billete

◆ よく使う副詞表現 ◆

とても	ムイ muy	かなり	バスタンテ bastante
非常に、よく、たくさん	ムチョ mucho	少し	ウン ポコ un poco
ほとんど〜ない	ポコ poco	遅く	タルデ tarde
早く	テンプラノ temprano	もう、すでに	ジャ ya
まだ（〜ない）	トダビア todavía	すぐに	プロント pronto
あとで	ルエゴ luego	少しずつ	ポコ ア ポコ poco a poco
いつも	シエンプレ siempre	毎日	トドス ロス ディアス todos los días

●著者
本橋 祈（もとはし いのり）
神戸市外国語大学外国語学部イスパニア学科卒。出版社勤務を経て、現在、有限会社イスパニカ
代表。著書に『オールカラー 基礎から学べる はじめてのスペイン語文法』（ナツメ社）がある。

●執筆協力　　　　児玉さやか
●本文デザイン　　株式会社ナナグラフィックス（小田直司）
●イラスト　　　　ヤマグチカヨ
●録　音　　　　　一般財団法人 英語教育協議会（ELEC）
●ナレーター　　　Yolanda Fernández（ヨランダ・フェルナンデス）
　　　　　　　　　Miguel Ángel Ibáñez Muñoz（ミゲル・アンヘル・イバニェス・ムニョス）
　　　　　　　　　水月優希（ミナツキ・ユキ）
●編集協力　　　　オフィスミィ
●編集担当　　　　野中あずみ（ナツメ出版企画株式会社）

本書に関するお問い合わせは、書名・発行日・該当ページを明記の上、下記のいずれかの方法にてお送りください。
電話でのお問い合わせはお受けしておりません。
・ナツメ社webサイトの問い合わせフォーム
　https://www.natsume.co.jp/contact
・FAX（03-3291-1305）
・郵送（下記、ナツメ出版企画株式会社宛て）
なお、回答までに日にちをいただく場合があります。正誤のお問い合わせ以外の書籍内容に関する解説・個別の相談
は行っておりません。あらかじめご了承ください。

ナツメ社Webサイト
https://www.natsume.co.jp
書籍の最新情報（正誤情報を含む）は
ナツメ社Webサイトをご覧ください。

音声DL版　オールカラー
基礎からレッスン
はじめてのスペイン語

2024年4月1日　初版発行

著　者　　本橋 祈　　　　　　　　　　　　　　　©Motohashi Inori, 2024
発行者　　田村正隆

発行所　　株式会社ナツメ社
　　　　　東京都千代田区神田神保町1-52　　ナツメ社ビル1F（〒101-0051）
　　　　　電話　03（3291）1257（代表）　　FAX　03（3291）5761
　　　　　振替　00130-1-58661
制　作　　ナツメ出版企画株式会社
　　　　　東京都千代田区神田神保町1-52　　ナツメ社ビル3F（〒101-0051）
　　　　　電話　03（3295）3921（代表）
印刷所　　ラン印刷社

ISBN978-4-8163-7516-3　　　　　　　　　　　　　　　　Printed in Japan